Osez parler philo avec vos enfants

Roger-Pol Droit

Osez parler philo avec vos enfants

bayard

18, rue Barbès, 92128 Montrouge cedex
ISBN : 978-2-227-47756-8

- 1 -

Pourquoi ? Comment ?

- 2 -

Nous et les autres

- 3 -
Vivre ensemble

- 4 -
Différents et semblables

- 5 -
Sans oublier...

« L'esprit de mon institution n'est pas d'enseigner à l'enfant beaucoup de choses, mais de ne jamais laisser entrer dans son cerveau que des idées justes et claires. »

Jean-Jacques Rousseau,
Émile ou De l'éducation, Livre III

Des avalanches de questions

Tout le monde le sait : les enfants provoquent des avalanches de questions…

Pourquoi on va à l'école ? Pourquoi on mange à table ? Pourquoi on doit obéir ? Comment est-ce qu'on devient une grande personne ? Comment on fait les bébés ? Pourquoi les bébés pleurent ? Pourquoi ils boivent des biberons ?

Ce qu'ils veulent ? Tout ! Comprendre ce qui les entoure, savoir qui ils sont, apprendre le plus simple et le plus compliqué, se voir expliquer les secrets de la nature, les mystères du divin, le pourquoi de l'existence et les règles du jeu, et toujours plus, toujours quelque chose. Encore et encore… Ça n'arrête pas !

Qu'est-ce qui arrive quand on meurt ? Il est où, Dieu ? C'est qui ? Il fait quoi ? Comment il est habillé ? Et pourquoi les hommes se font du mal ? Et les baleines, elles mangent quoi ?

Face à tant d'interrogations — diverses, répétées, déconcertantes… —, il arrive que les parents dégagent en touche : « Va demander à ton père (ou à ta mère) », « Tu apprendras ça quand tu seras grand(e) », « Pose la question à l'école », « Ça n'est pas le moment. On verra ça un autre jour. Maintenant, il faut s'habiller (ou déjeuner, faire les courses, préparer le dîner…). »

Face à l'étonnement qui les submerge, confrontés à leur propre ignorance qu'ils ne veulent pas toujours avouer, les parents finissent par esquiver les questions qui leur sont posées.

Pourtant, il suffit de regarder ces demandes d'enfants pour voir qu'elles sont très souvent philosophiques et, malgré leur apparente naïveté, profondément métaphysiques. En fait, la plupart du temps, ces interrogations portent sur l'essentiel. Il est donc dommage — très dommage même, pour l'enfant comme pour soi-même — de prendre la fuite.

D'où ce petit livre, qui ne prétend certes pas résoudre ces problèmes sans fin, mais qui voudrait aider les parents à parler avec leurs enfants de toutes ces « grandes questions » de l'existence. Sans crainte, sans dogmatisme, et en y trouvant pour chacun — parent et enfant — de nouvelles occasions de découvertes mutuelles.

Reste à savoir comment y parvenir.

- 1 -

Pourquoi ?
Comment ?

L'enfant, l'adulte et le philosophe

On vient de le dire : les enfants posent sans cesse toutes sortes de questions. Mais est-ce une raison pour se mettre en tête de « parler philo » avec eux ? N'est-ce pas une curieuse idée ? Est-ce bien approprié ? On pourrait en douter, car, au premier regard, tout paraît opposer l'enfant et le philosophe.

En effet, l'enfant ne sait rien, ou si peu. La philosophie, au contraire, se définit, déjà chez Aristote, comme « la totalité du savoir dans la mesure du possible ». D'autre part, les enfants ne pensent pas toujours de façon réellement cohérente, ni extrêmement subtile. Le philosophe, à l'inverse, symbolise traditionnellement la puissance même de la pensée, son exercice le plus achevé — tant par son envergure que par sa force de pénétration.

Et puis, l'enfant se repère difficilement dans les abstractions. Il en est moins capable que l'adulte. Assez souvent, il lui arrive de ne pas saisir certaines déductions simples qui nous paraissent évidentes. À l'opposé, le philosophe est bien celui qui se meut aisément dans l'univers des abstractions et parvient à se repérer facilement parmi les idées.

Enfants et philosophes semblent donc bien habiter dans des univers séparés. D'autant que ce ne sont pas les seules différences qui les opposent. Les enfants marchent à l'affect, si l'on ose dire, ils sont presque constamment envahis de joie ou de désespoir, de colère ou de rire. Les philosophes marchent à la raison, ou du moins ambitionnent de se conformer au modèle d'une pensée et d'une vie tout entières sous l'emprise de la raison. Parce qu'ils sont au plus loin de cette vie raisonnable, les enfants sont réputés versatiles, capricieux, impulsifs, prisonniers d'un univers discontinu. Au contraire, dans la représentation idéale que l'on peut s'en faire, le philosophe est endurant, obstiné, perpétuellement animé de la volonté de rechercher la vérité et, s'il la trouve, de vivre sous son emprise.

C'est dans cette perspective que l'on plaçait autrefois l'enfant du côté de l'animalité, du corps et des instincts. Sa capacité de concentration est relativement courte, sa résistance aux caprices du désir relativement faible. Le philosophe est au contraire supposé capable d'une contention d'esprit particulièrement longue et d'une maîtrise de soi supérieure à la moyenne. Il serait du côté de l'âme, et surtout de la partie « intellective » de l'âme, comme disait Platon, non du côté du corps.

Cette opposition entre enfant et philosophe a été fort longtemps en vigueur, et elle se retrouve dans bon nombre de textes classiques. Elle se résume, finalement, en une opposition entre le logos et l'enfant. En effet, ce terme grec — *logos* — signifie à la fois « la parole » et « la raison ». Pour les Grecs de l'Antiquité, le philosophe est celui qui aime cette « parole-raison », qui y consacre tous ses efforts, toutes ses forces vives, la trajectoire même de son existence.

Au contraire, le mot latin *infans* signifie étymologiquement « celui qui ne parle pas ». Ce n'est pas le jeune enfant, le préadolescent, qui, pour les Latins, se nomme *puer*. *Infans* désigne d'abord le nourrisson, dépourvu de parole, encore incapable de manier la langue, et donc incapable de ce premier rapport à la raison que constitue le seul fait de former des phrases. Comme chacun sait, c'est seulement aux alentours de sa septième année que l'enfant était traditionnellement considéré parvenu à « l'âge de raison ».

Bilan provisoire : le philosophe paraît bien du côté de la raison, de la vie adulte, de la maîtrise de soi-même et de la cohérence de la pensée, axé sur la recherche de la vérité. Aux antipodes, l'enfant semble une petite personne impulsive, plus ou moins animale, encore balbutiante, se cherchant elle-même comme elle cherche et ses mots et le sens même des gestes, ou des comportements, dans le monde.

Autant le dire tout de suite : cela est faux ! Simplement, carrément, totalement faux. Certes, à première vue, nous croyons vérifier cette opposition sur des observations quotidiennes. Certes, nous pourrions la renforcer encore par l'autorité de citations illustres. Si, malgré tout, cette opposition est fausse, c'est pour deux raisons principales.

Car tout rapproche, en fait, le philosophe et l'enfant. Ce qu'ils partagent, c'est d'abord une ignorance. « Tout ce que je sais, c'est que je ne sais rien », rappelait sans cesse Socrate. C'est parce que nous ne savons pas que nous désirons savoir, que nous devenons « amoureux » ou « amis » de la connaissance — ce que veut dire le terme même de philosophe. De ce point de vue, les philosophes ne sont, comme les enfants, ni totalement ignorants, ni tout à fait savants.

C'est parce qu'ils ne sont pas totalement ignorants qu'ils peuvent constater l'existence d'immenses points d'interrogation dans le monde qui nous entoure. Il existe en effet une série d'interrogations fondamentales — qui ne cessent de nous éveiller et de nous inquiéter. Ainsi sommes-nous habités, en tant qu'êtres humains, enfants ou adultes, par ce sens de l'infini qui nous conduit à nous interroger sur l'existence de Dieu, sur la possibilité d'un éventuel au-delà, mais aussi sur la signification de notre présence ou sur la raison d'être du monde.

Chez l'enfant comme chez le philosophe, de ce point de vue, c'est le même étonnement qui produit une suite ininterrompue de questions. Par définition, ces questions sont insolubles, en tout cas dépourvues de réponses définitives. Mais ce n'est pas un motif suffisant pour les écarter ! Le fait qu'une question n'ait pas de réponse définitive ni assurée ne signifie en aucune manière qu'on doive la jeter au panier, encore moins la mettre à l'écart sans l'examiner. L'étonnement doit au contraire être entretenu, approfondi, examiné.

Cet étonnement de tout, que partagent en fait le philosophe et l'enfant, consiste toujours à ne pas considérer le monde comme évident. Quand tout est familier, sans problème, lisse, il n'y a aucune place pour l'émergence d'un étonnement. Au contraire, dès que nous avons le sentiment que les choses « ne vont pas de soi », et qu'il est donc légitime de demander pourquoi elles sont ainsi, alors nous sommes dans cette posture de l'étonnement, qui est fondamentalement philosophique.

« Pourquoi le ciel est bleu ? » Cette question simplissime est du même type, finalement, que : « Pourquoi j'existe ? Pourquoi fait-on des enfants ? Pourquoi doit-on obéir ? » Si les réponses sont évidemment distinctes pour chacune de ces interrogations, leur point commun est de découler d'un étonnement originaire.

Il y a bien longtemps que le lien entre étonnement et philosophie a été mis en lumière. Platon, au Ve siècle avant notre ère, le soulignait déjà : « S'étonner, dit-il, la philosophie n'a pas d'autre origine. » Aristote reprend la même idée, et elle se poursuit jusqu'à notre époque. Vladimir Jankélévitch, parmi les contemporains, insiste sur le fait que la philosophie consiste à se comporter « comme si rien n'allait de soi » et la philosophe Jeanne Hersch a consacré un livre remarquable à l'étonnement comme source fondamentale de la philosophie[1].

Si les philosophes et les enfants s'étonnent les uns comme les autres, c'est peut-être qu'au lieu d'une totale opposition ils se trouvent en proximité, voire en continuité. Pour ma part, je n'hésiterai pas à dire que les philosophes sont des enfants qui n'ont pas renoncé à leurs questions. Devenus adultes, possédant les instruments de la raison, maniant un vocabulaire savant, ils ne cessent malgré tout de revenir à leurs étonnements premiers, ceux de l'enfance : « Pourquoi est-ce ainsi ? Que signifie que nous soyons là ? Pourquoi y a-t-il quelque chose plutôt que rien ? » Dans cette dernière interrogation, Leibniz, au XVIIIe siècle, n'hésitait pas à voir le résumé de toute la recherche métaphysique.

Ainsi, au lieu d'être opposés aux enfants comme l'homme à l'animal, comme l'esprit au corps, les philosophes doivent plutôt être considérés comme des adultes restés enfants, s'obstinant à poser leurs questions d'autrefois. Ce sont des enfants qui résistent, qui refusent

1. J. Hersch, *L'Étonnement philosophique. Une histoire de la philosophie*. Gallimard, 1993.

d'abandonner l'interrogation permanente qui naît de l'étonnement.

Du coup, on doit renverser la perspective. Rien de plus normal que de parler philo avec ses enfants : c'est, en quelque sorte, leur langage naturel, une de leurs postures immédiates et spontanées. S'étonner, s'interroger, demander le pourquoi des choses, chercher à comprendre la raison d'être de ce qui apparaît, discerner si possible le sens des phénomènes et le sens de nos actes, voilà ce que les enfants font le plus naturellement du monde.

Alors, si philosophes et enfants se ressemblent tellement, si leur similitude est profonde, leur parenté étroite, parler philo avec ses enfants ne devrait pas avoir besoin d'explications ni de conseils. Pourquoi n'est-ce pas immédiat, spontané, naturel ? Pourquoi faut-il oser parler philo avec ses enfants ?

OSEZ...

L'erreur de départ consiste à croire que réfléchir est compliqué. Vous craignez que ce ne soit trop difficile pour eux, et peut-être pour vous. Vous vous dites que vous n'êtes pas équipé, et eux non plus, pour ce genre d'escalade. Vous n'avez pas fait d'études de philosophie, vous ne maniez pas bien ce vocabulaire. Vous avez l'impression de vous trouver devant une paroi verticale, difficile à escalader, tellement les prises ont l'air d'être absentes. Embarquer un enfant dans pareille randonnée semble tout à fait excessif.

Pour défaire ces appréhensions, il faut chercher en quoi consistent ces conversations. Car il ne s'agit évidemment pas de faire de la philosophie au sens scolaire. On ne parlera pas aux jeunes enfants des œuvres des philosophes. On ne va pas leur enseigner Descartes, Hegel ou Nietzsche. Inutile d'imaginer que pour Noël, à la place de la panoplie de Spiderman ou de la console de jeux vidéo, on va leur faire une bonne surprise avec les œuvres complètes de Spinoza… C'est seulement de parler philo qu'il s'agit.

… PARLER PHILO…

« Parler philo », ce n'est pas « parler *de* philo ». Encore une fois : pas question de faire un cours ou un exposé, de donner des références, de dicter des citations. Au contraire, il faudrait presque entendre « parler philo » comme « parler français » « parler anglais » ou « parler tchèque ». Pourtant, ce n'est pas encore cela, car il ne s'agit pas de se mettre à parler la langue de la philosophie au sens où il faudrait utiliser soudain des mots différents de nos mots de tous les jours.

Au contraire, il s'agit de parler avec les mêmes mots que d'habitude, mais d'autre chose, et sous un autre angle.

Parler philo devient alors un mode de la conversation, un registre de la parole. C'est plutôt une modification du style de la conversation, de la posture dans laquelle on se trouve, qu'un changement des mots ou un même un changement des thèmes ou des sujets.

Par exemple ? Au lieu de dire : « Quelle heure est-il ? » et de répondre en fonction du moment, parler philo signifiera : « Comment fait le temps pour passer ? Pourquoi faut-il le mesurer ? Comment fait-on pour s'y repérer ? En quoi donc consiste le temps ? » Voilà le genre de changement de regard qui est en jeu.

Autre exemple. On voit toutes sortes de gens au fil de la journée, dehors, à l'école, à la télévision ou dans les rues. Pourtant, on oublie de poser des questions de ce genre : « À quoi cela se reconnaît, un être humain ? Par rapport à une chose, ça se distingue comment ? Par rapport à un animal ? Comment faisons-nous la différence ? »

Cette modification du regard est plus importante que des cours de philo. Car parler philo revient à s'interroger, à examiner les idées. Tout le monde a des idées. Tous les êtres humains, les enfants comme les adultes, se font une représentation de ce qu'est le temps ou de ce qu'est un être humain. Cette représentation est plus ou moins fine, plus ou moins précise, plus ou moins construite, mais elle est toujours présente. La philosophie commence non pas quand on a des idées, mais quand on les examine — quand on s'emploie à regarder comment elles sont faites, ce qu'il y a dedans, ce qui les fait tenir, quand on cherche à les tourner dans différents sens, à les éclairer sous des lumières variées.

Une idée, ce pourrait être comme une boule de papier froissé : on la tourne pour la voir sous tous les angles, on tente de la déplier, de l'expliquer — ce qui veut dire « défaire les plis ». On essaie de saisir comment elle a été fabriquée, ce qu'elle contient.

Voilà, en première approche, ce que parler philo peut signifier. Mais ce parler philo, c'est *avec* qu'il a lieu.

... AVEC...

Il ne s'agit pas de parler face à un auditoire, une classe ou un groupe. Et vous n'allez pas parler à votre enfant comme pour lui indiquer où se trouve la boulangerie, ou lui dire les affaires à mettre dans son cartable ou sa valise. Parler *avec*, cela signifie évidemment dialoguer.

Cela suppose qu'on réponde aux interrogations de l'enfant, qui aura alors de nouvelles demandes. Mais cela implique aussi que l'on pose à l'enfant des questions. Un échange doit se mettre en place, qui n'est pas du même ordre que la transmission d'un savoir. « Tu m'as posé la question de savoir qui est Dieu. Je vais te le dire et, après, tu vas te taire, et nous passerons à autre chose... » Voilà qui est impossible ! Le parler philo est avant tout une interrogation commune, recherche où on se prend par la main pour aller se promener ensemble. Il n'est pas dit que l'adulte connaisse mieux le chemin que l'enfant. Dans ce parler philo — c'est probablement le point le plus intéressant —, le parcours est commun, la prise de risque partagée.

C'est pour cela, dans le fond, que vous n'osez pas : vous avez le sentiment que vous allez être démuni, sans bagages. Du coup, votre posture d'autorité, d'adulte qui sait, de détenteur de savoir pourrait bien être mise en difficulté. C'est exact. Mais, pour une fois, ce n'est pas grave. Cette fois, c'est même une excellente chose.

... VOS ENFANTS

Car c'est avec *vos* enfants que vous allez parler philo. C'est à la fois un avantage et un obstacle, une facilité et une difficulté. L'avantage : leur amour pour vous, votre amour pour eux, l'intimité profonde qui vous lie, la chaleur de l'affection font que ces temps de réflexion partagée et d'interrogation réciproque sont aussi de grands moments de vie, d'amour, de joie, de tendresse et d'humanité. L'obstacle — c'est pourquoi, peut-être, vous n'osez pas — : face à vos enfants, vous redoutez de vous montrer ignorant, hésitant ; vous craignez d'être pris en défaut de connaissance ; votre toute-puissance d'adulte, votre omniscience, sera mise à mal ; il faudra reconnaître, à un moment ou à un autre, que vous ne savez pas. Encore une fois, c'est sans gravité. Pourquoi ?

Parce que ce que vous ne savez pas, dans ce domaine, personne ne le sait. Aucune connaissance ultime ne permet de répondre — de science sûre, de manière définitive, au nom d'une certitude absolue — à toutes ces questions : « Quelle est la nature de la vie ? », « Qu'est-ce qu'être libre ? », « Y a-t-il une vie après la mort ? », « Qu'est-ce que l'autorité, le pouvoir, la liberté ? », « Que sont l'amour et la sécurité ? »

Ces questions peuvent et doivent être approfondies, creusées, débattues, explorées. Mais elles ne peuvent, en aucun cas, être résolues. On peut donner une réponse — exacte et unique — à la question : « Combien font 312 et 628 ? » Mais ce n'est pas le cas pour les « grandes questions » de l'existence. Nous avons à leur sujet des convictions, des croyances, des choix profonds, donc des réponses que nous préférons. Mais nous n'avons jamais LA réponse.

Donc, si vous ne savez pas, pensez que, dans le fond, personne ne sait. Et trouvez les mots pour le dire. Car ainsi vous sauvez votre honneur d'adulte, mais aussi vous légitimez l'enfant dans sa question, vous ne le désespérez pas, vous ne le frustrez pas excessivement. Si ni lui ni vous ni aucun être humain ne sait véritablement quelle est la réponse, nous sommes tous logés à la même enseigne.

Il est évidemment toujours possible — et la plupart du temps souhaitable — de préciser comment certains pensent que…, d'autres croient que…, d'autres se sont dit que…, d'autres encore discutent pour savoir si…, etc. Mais il s'agit d'une recherche commune, de solutions envisagées, d'hypothèses formulées sur fond d'ignorance.

Comment s'y prendre ?

Il ne s'agit pas d'établir des moments fixes. Inutile de se mettre à parler philo comme on décide de faire du sport : tous les dimanches matin ou tous les mercredis après-midi. Mieux vaut laisser surgir les interrogations, être prêt à les suivre quand elles arrivent. Avec les enfants, c'est n'importe où, n'importe quand que tombent des questions : l'immortalité débarque sur un escalier roulant, la liberté arrive dans les rayons du supermarché, Dieu déboule en plein petit déjeuner.

Peu importe ! Ne cherchez pas à formaliser ce dialogue. Sauf exception, n'essayez pas d'instaurer un moment régulier. Si les choses vont dans ce sens, si l'enfant préfère une sorte de rituel — lié à une promenade, à un goûter, à une sortie d'école, à un retour du sport, à un moment d'après-déjeuner ou d'après-dîner... —, n'hésitez pas, cela va de soi. Sinon cela n'a pas d'importance.

De toute façon, les demandes surgiront d'elles-mêmes, n'importe où, par surprise, comme des irruptions soudaines que rien ne laisse prévoir. À cause même de ce surgissement brusque, mieux vaut avoir réfléchi auparavant au genre de choses que vous pourrez dire, à la direction que vous voudrez donner à la conversation. Il ne s'agit pas de répéter quoi que ce soit, comme on prépare une conférence ou un cours. L'improvisation est indispensable. Et si vous avez un jour le sentiment de perdre les pédales, de manquer de présence d'esprit, dites-vous que rien n'est jamais clos ni définitif. Ce que vous avez dit, vous pourrez le reprendre sous un autre angle, le modifier quand l'occasion se présentera.

Assurément, les enfants prennent très au sérieux ce qu'on leur dit, quand ils ont le sentiment que ce sont des questions importantes. Mais n'allez pas croire pour autant que tout est gravé dans le marbre et impossible à rectifier. Dans ce genre de dialogue, il faut à la fois avoir un peu préparé et improviser beaucoup. Il faut se tenir prêt, et savoir que les hasards et les surprises de la vie seront maîtres du jeu.

Reste à préciser le but que poursuivent ces échanges, la finalité de ce « parler philo ». À mes yeux, il n'y a qu'une réponse : découvrir le plaisir de penser. Encore une fois, vous n'allez pas apporter de solutions aux questions abyssales et vertigineuses de votre enfant, pas plus qu'aux interrogations métaphysiques de l'humanité que chaque enfant ne fait, somme toute, que réinventer et redécouvrir.

Pour oser parler philo de façon féconde, il faut se défaire de la contrainte d'aboutir quelque part. Le résultat de ce parcours ne sera jamais, sauf exception, une solution définitive. La culture du résultat n'a pas le même sens en philosophie et dans les statistiques de production. Le résultat, ici, ne sera pas une réponse — c'est le parcours lui-même.

Cet itinéraire est chaque fois singulier. Il dépend de votre dialogue. Il dépend de l'enfant comme de vous. Il sera fait, inévitablement, de discontinuités, de découvertes, de virages, parfois d'obstacles, d'impasses, de reprises, de retours en arrière, et de longues descentes en pente douce.

On peut imager ce cheminement sur le modèle de la promenade, à pied ou en vélo. Les petits accidents de la route, les tressautements, les temps d'arrêt pour reprendre souffle seront aussi présents. Dites-vous bien qu'il n'y a pas véritablement d'étape ni de but à atteindre. On ne dira sans doute jamais : « Voilà ! Nous sommes arrivés au terminus. Nous avons trouvé la réponse. »

S'il y a un but, il faut le redire, c'est l'itinéraire lui-même. Quand on fait une promenade, ce n'est pas pour aller quelque part, c'est pour se promener. Essayez donc d'abord de penser ces moments de questionnement commun comme étant « sans obligation ni sanction[1] ».

Avec un enfant de quel âge peut-on conduire de tels dialogues ? Je suis convaincu qu'il n'y a pas d'âge. Évi-

1. Allusion au titre du livre du philosophe J.-M. Guyau, *De la morale, sans obligation ni sanction.*

demment, les mots employés, les exemples choisis, la durée de la conversation doivent être adaptés. Mais tant d'éléments entrent en jeu qu'il n'y a pas véritablement de norme possible. Quand les enfants ont quatre ou cinq ans, les questions métaphysiques commencent à fuser, parfois les plus profondes et les plus difficiles. Il est évidemment exclu d'entrer dans des analyses conceptuelles avec des enfants de cet âge. Tout le but du parler philo est de ne pas esquiver ces questions, de commencer, quel que soit l'âge de l'enfant, à l'accompagner dans sa réflexion.

Même lorsqu'ils ont seulement quatre ou cinq ans, il faut tenir compte de l'extraordinaire profondeur de l'interrogation des enfants, de la puissance poétique de leurs remarques. Par exemple : une petite fille apprenait que la Terre était ronde. Très surprise de cette découverte, elle a réfléchi, et elle a eu cette phrase : « Oui, mais, quand on est mort, elle est plate. » Il y a de quoi rester sans voix…

Quand l'enfant a six ou huit ans, les dialogues peuvent être plus suivis, plus articulés. On peut commencer à utiliser, pour réfléchir, des histoires suivies, des raisonnements déjà construits. Aménager des parcours avec diverses séquences s'enchaînant les unes aux autres devient possible. Mais, une fois ces évidences rappelées, il demeure certain que tout n'est que cas particulier. Bien sûr, des échelles de développement psychologique montrent comment certaines notions sont mieux saisies à tel âge, moins bien à tel autre. Des continuités logiques sont acquises à un certain moment et ne le sont pas encore à d'autres… Ces considérations, quel que soit leur intérêt, ne paraissent pas réellement déterminantes.

Car il s'agit avant tout d'instaurer, avec un jeune être parlant, cette relation, fondamentalement humaine, qui consiste à parler ensemble de notre interrogation du monde et de notre condition. Cela est plus important que la mesure des capacités d'abstraction année par année. Car tout s'ajustera, à mesure, sur cette relation de parole.

Encore faut-il savoir avec quels mots parler aux enfants. Quel est donc le vocabulaire nécessaire pour leur parler philo ? La réponse est très simple : il faut parler avec leurs mots à eux, et avec les vôtres, surtout pas avec les mots des philosophes. La plupart des philosophes se sont fabriqué un vocabulaire, souvent pour nommer des idées qui n'avaient pas encore été pensées et formulées avant eux. Ils ont donné à certains concepts nouveaux, qu'ils forgeaient, les noms qui leur convenaient.

Mais ce n'est pas le cas le plus fréquent, il faut l'avouer. Les philosophes ont aussi fabriqué des jargons par volonté d'intimider. Ils se sont construit des armures verbales qui impressionnent les autres et qui les protègent de la foule. Essayez donc, autant que possible, de parler comme d'habitude, avec les mots que votre enfant comprend. Reprenez ses termes, de temps à autre transformez légèrement leur signification. Montrez-lui qu'un mot qu'il utilise possède bien le sens qu'il connaît, mais renferme aussi, à côté, d'autres possibilités. Essayez d'enrichir le sens des termes qu'il utilise déjà.

Si vous avez besoin, exceptionnellement, d'un mot nouveau, définissez-le de manière simple et directe. L'essentiel ne réside pas dans les vocables, mais dans les idées, la pensée, les questions.

Ce qui est le plus important, finalement ? Varier les points de vue. Puisque le but n'est pas une réponse mais une promenade, pas un résultat mais un itinéraire, il est essentiel de montrer aux enfants qu'il existe, dans l'univers de la réflexion, une pluralité de points de vue, une diversité de places.

C'est la première chose que vous devez avoir en tête, de façon permanente. Vous pouvez par exemple, face à une question, vous dire : « Certains pensent que…, d'autres pensent que… Pour ma part, je pense comme cela, mais je comprends, ou je respecte, ceux qui pensent autrement. » L'important : que la pensée ne soit jamais coagulée, qu'elle ne forme pas des blocs compacts, des itinéraires en ligne droite. Au contraire, qu'elle voyage à travers des places différentes, des situations diverses.

Le parcours peut passer par l'évocation d'une histoire, d'un objet, d'un animal, d'un personnage, d'un comportement, d'une coutume, d'un lieu. À travers cette multiplicité d'exemples, il s'agit toujours d'introduire du jeu, à tous les sens du terme : du plaisir, de l'activité ludique, mais aussi — comme on dit qu'il y a du jeu dans une articulation ou un rouage — de l'espace, de la souplesse, une certaine prise de distance.

Finalement, le plus important, dans ce « parler philo », c'est bien d'éprouver, par vous-même et avec votre enfant, pour lui et parfois par lui, qu'il existe une extrême diversité de positions de la pensée humaine. L'horizon de la réflexion est, en ce sens, toujours ouvert et toujours mouvant.

Pour ne jamais oublier cette ouverture, un moyen très simple est de toujours penser « à double face » : une réponse et la réponse adverse, une notion et la notion opposée. C'est pour cette raison que les chapitres de ce livre reposent sur des couples de notions : vivre et mourir, aimer ou détester, juste et injuste, etc.

Ces couples d'opposés, depuis des siècles, structurent notre pensée. Nous pensons par paires de notions antagonistes, et le principal ressort de notre réflexion est l'opposition d'un terme à son contraire, ou le passage de l'un à l'autre : du bien au mal, de la guerre à la paix, de la servitude à la liberté, etc. Donc, s'il est question d'une notion, ayez aussi toujours son contraire en tête.

Cela empêche de se focaliser, ou même de s'hypnotiser, sur un seul terme. Nous parlons de la vie ? Pensons aussi à la mort. Nous parlons de la mort ? N'oublions pas la vie. La pensée n'est jamais unilatérale. Pour avancer, elle doit être à double face, tenant compte du contraire de ce qu'elle est en train de développer. Platon le premier a défini la pensée comme « le dialogue intérieur de l'âme avec elle-même ».

Ce dialogue, c'est le cheminement entre les opposés. Entre ce que je crois et la vérité, s'intercale ce détour indispensable par l'autre face, le point de vue contraire, ou par l'itinéraire d'un point de vue à un autre, quand il y en a plus que deux.

Cette prise en compte de la diversité se heurte à une difficulté. Considérer la multiplicité des points de vue, n'est-ce pas tomber dans le relativisme ? Ne risque-t-on pas de conclure : « Finalement, tout se vaut. X pense que…, Y pense que… Il y a ceci, et puis il y a aussi l'inverse. Après tout, nous n'en savons rien » ?

Au contraire, il faut parvenir à tenir ensemble la diversité des points de vue et la fermeté de nos convictions. Ce n'est pas toujours facile, mais c'est capital. Il est nécessaire de toujours préciser où on se situe dans le paysage, à quoi on adhère, les convictions que l'on partage, les croyances que l'on a. Mais il faut aussi, en même temps, montrer comment cette position s'inscrit dans un débat, comme un élément dans un ensemble.

Nul ne devrait s'installer dans une vérité intangible, close, assurée d'elle-même, unique. Certes, il existe dans la pensée, comme partout ailleurs, des amis et des ennemis, des alliés et des adversaires. Toutefois, la différence avec d'autres formes de rivalité ou de conflit humain est grande. Car, dans la pensée, nous pouvons comprendre que notre adversaire a un point de vue respectable.

Nous pouvons même comprendre que ce point de vue que nous ne partageons pas, que nous pouvons même combattre, n'est pas entièrement faux. Cet homme n'est pas notre ami, mais il n'a pas entièrement tort. Nous devons donc tenter de nous placer dans un entre-deux : d'un côté la reconnaissance des différents points de vue, de l'autre côté l'affirmation de notre propre position.

Il s'agit donc de prendre une certaine distance envers soi-même. Ne pas abandonner ses positions, convictions ou croyances mais parvenir à les regarder presque du dehors. Pouvoir situer sa propre place parmi d'autres et donc, sans se renier soi-même, être en mesure de se situer dans un ensemble.

Si vous partagez avec votre enfant un itinéraire de ce type, ce que vous lui apprendrez ainsi sera plus important que des citations et des doctrines. Ce sera une posture de la pensée, sans doute une des plus dignes — celle qui consiste à ne pas abandonner ce que l'on croit vrai tout en l'ouvrant à la pluralité des vérités autres.

Promenades d'idées, mode d'emploi

Quelques mots sur les chapitres qui suivent et la manière de s'en servir.

Pas question, on l'aura compris, de baliser dans le détail les itinéraires. Les éléments qu'on va lire, groupés chaque fois autour d'un couple de notions, ne forment ni un cours ni un manuel. Mais il ne s'agit pas non plus uniquement de conseils aux parents.

Mieux vaut considérer ce livre comme une boîte à pique-nique, dont on peut se servir pour partir avec les enfants en promenade d'idées. On y trouve donc des trucs à grignoter, de temps à autre une boussole, ou des éléments d'orientation, éventuellement des pansements pour premiers secours.

Si tout n'est pas extrêmement bien rangé, c'est intentionnellement, et non par négligence. Il est parfois très utile de tomber sur une idée qu'on ne cherchait pas. Une fois encore : l'objectif n'est pas de traiter des questions de cours, mais d'être utile aux parents et aux enfants, tout en préservant leurs parcours spontanés et imprévisibles.

À la fin de chaque chapitre, quelques références et indications de lecture peuvent permettre à ceux qui le souhaiteraient de poursuivre leur réflexion. D'autre part, des bribes de jeu sont indiquées qui peuvent servir à enclencher la réflexion avec les enfants.

Bien que ces textes s'adressent aux parents, ils s'expriment délibérément de façon très simple, souvent imagée. Cela afin de permettre, si besoin est, leur réutilisation la plus aisée possible dans les conversations avec les enfants.

- 2 -

Nous et les autres

Vivre et mourir

Voilà bien le plus vaste des sujets possibles ! On peut avoir l'impression de se retrouver au bord d'un océan sans boussole. Ou face à une paroi lisse, sans la moindre aspérité qui faciliterait l'escalade. C'est souvent le cas avec les thèmes de réflexion philosophique : on se demande par quel bout les prendre, comment y entrer. Au premier abord, on ne sait véritablement pas quoi dire : la densité des questions est telle qu'on a le sentiment de ne pas pouvoir avancer.

Une manière simple de commencer à réduire cette impression d'immensité est de se demander de quoi, exactement, on est en train de parler. Qu'est-ce qui vit ? Qu'est-ce qui ne vit pas ? Qu'est-ce qui meurt ? Qu'est-ce qui ne meurt pas ? Voilà une série de questions qui peut permettre une première promenade préparatoire — que ce soit en dialoguant avec l'enfant ou en commençant à y penser soi-même pour parler un jour avec lui.

Est-ce qu'une pierre vit ? Un tronc d'arbre est-il vivant ? Et si oui, pourquoi, et de quelle manière ? Est-ce qu'un nuage vit ? Et un lac, une vague, une laitue, une mouche, un éléphant, un chien, un bébé ? Si oui, pour chaque exemple : en quel sens, et pourquoi ? Ce catalogue de départ pourra servir au fur et à mesure.

On peut chercher, de la même manière, ce qui meurt et qui ne meurt pas. Un être humain, un chat, un brin d'herbe, un rocher, un grain de riz, une étoile, etc. Tout cela pour commencer à demander : « C'est quoi, la vie ? Et la mort ? » Ce qu'on veut trouver, ne nous trompons pas, ce n'est pas une définition du mot, mais de l'idée. Les dictionnaires nous disent tout de suite en quels sens, en français, on emploie le mot « vie ». Ils sont multiples : quand on dit que la vie augmente, qu'elle devient de plus en plus chère chaque jour, qu'il y a peut-être de la vie sur d'autres planètes, que la vie est bien difficile, que la vie est fatigante, que la vie se transmet par la reproduction, on utilise chaque fois des sens différents. Pour commencer à chercher l'idée, il faut délaisser le dictionnaire, car les réponses ne sont pas uniquement dans les mots. Il faut donc tenter de définir l'idée elle-même, essayer de chercher ce que veut dire « vivre », ce que veut dire « mourir ».

En voulant interroger la définition même, on risque de se trouver encore plus embarrassé. Impossible de nous réfugier vers les usages du mot, ni vers les grandes considérations disant « comment il faut vivre » ou pourquoi « il ne faut pas avoir peur de mourir » qui nous empêchent de voir avec exactitude de quoi nous parlons.

Pour commencer à sortir de cet embarras, on peut repartir, très modestement, de la vie organique. Essayons d'élargir notre réflexion au-delà des êtres humains. Quand on parle de « vivre », rien ne nous dit s'il s'agit de la vie des hommes, de celle des fourmis ou de celle des microbes. Lorsque nous parlons de « mourir », nous ne savons pas si ce sont de grands poètes qui meurent ou simplement les roses du jardin.

Entre des plantes qui vivent et meurent, des animaux qui vivent et meurent et des humains qui vivent et meurent, quoi de commun ? En y réfléchissant, il semble bien que cinq faits principaux, faciles à trouver, caractérisent ce qu'est « vivre ».

1 – Tous les organismes qui vivent (végétaux, animaux, humains) naissent.
2 – Ils sont d'abord petits (graines, fœtus, bébés) et commencent, dès qu'ils existent, à se nourrir. Donc, à la différence des cailloux, ils prennent dans ce qui les entoure des choses à manger, des substances qu'ils s'incorporent et qu'ils transforment pour faire grandir leur organisme.
3 – Car ils grandissent. De petits arbres deviennent de grands arbres, de petits chiens de grands chiens, etc.

4 – Les êtres vivants se réparent eux-mêmes (dans certaines limites, cela va de soi). Si on s'écorche le genou, il cicatrise. Si on se coupe un peu la main, la peau va se réparer elle-même. Au contraire, si on casse un verre, il ne se réparera jamais lui-même. Si on coupe un morceau de tissu, il ne se recoudra pas tout seul. Les être vivants parviennent à se réparer et à se rééquilibrer. Une voiture qui a trois roues ne peut plus rouler, un chien qui n'a plus que trois pattes s'arrange pour avancer et pour marcher malgré la patte qui lui manque.

5 – Les êtres vivants se reproduisent. Les plantes donnent naissance à d'autres plantes, les insectes à d'autres insectes, etc. La transmission de la vie appartient au fait même de vivre, alors que jamais aucun crayon ne donne naissance à un autre crayon.

Est-ce que nous n'avons pas oublié quelque chose ? Est-ce que tous les êtres vivants n'ont pas encore une caractéristique ? Ils vieillissent, se dégradent, se transforment, deviennent plus faibles et, de même qu'ils ont grandi, ils semblent parfois se rétrécir et finalement ils meurent. Tous les êtres vivants meurent. Ils peuvent vivre plus ou moins longtemps. Certaines mouches vivent une journée seulement, certaines fleurs quelques heures. Des arbres vivent des centaines et des centaines d'années. Mais, qu'il vive peu de temps ou énormément de temps, toujours un être vivant — plante ou animal ou être humain — finit par mourir.

Aucun être vivant n'échappe à cet arrêt de la vie. Peut-être est-ce un arrêt qui ouvre sur un autre monde, qui conduit à une vie différente. Nous avons à ce sujet des convictions, des croyances, mais personne n'a véritablement de savoir ni de totale certitude.

Qu'est-ce que nous pouvons encore remarquer dans ce que nous venons de dire des caractéristiques de la vie ? Tous ces êtres vivants, qui vivent de manière différente mais qui tous naissent, se nourrissent, grandissent, se réparent, se reproduisent et, un jour, meurent, ont encore une autre caractéristique commune : ils conservent la forme de leur organisme.

En parlant de forme, ici, on ne veut pas dire « être en pleine forme », mais une forme comme un carré, un cercle, un triangle ou comme la forme d'un lapin, ou la forme d'une girafe. Tout le monde sait très bien ce que c'est. Finalement, tous les lapins ont une forme de lapin, et c'est ce qui les caractérise. C'est très simple, mais c'est aussi très important.

Lorsqu'une plante grandit, elle développe la forme de son espèce. Si on plante des graines de petits pois, on ne voit pas pousser des tomates ou des asperges mais des petits pois. À l'intérieur de la graine est contenu ce qu'il faut pour développer cette forme-là et pas une autre. Et quand nous avalons notre nourriture, les aliments que nous prenons sont transformés par notre corps pour continuer à fabriquer la forme de nos mains ou de nos pieds, ou la forme de notre nez.

La forme du corps est maintenue par la vie. Quand le corps se répare lui-même, il maintient sa forme. Cette forme est aussi ce que transmet la reproduction. Un homme et une femme donnent naissance à un être qui a une forme humaine et, en aucun cas — sauf dans les films d'épouvante ou de science-fiction — une forme d'animal ou de plante.

Nous avons réfléchi, jusqu'à maintenant, sur les points communs de cette notion de vie, ce qui est identique ou analogue dans toutes les formes de vie. À présent, essayons de trouver des différences. Tous les lapins, quand ils sont dans la nature, vivent de la même manière. Ils creusent des terriers, mangent de l'herbe et se promènent en faisant de petits sauts avec leurs derrières.

Cette façon de vivre, quand on est un lapin dans la nature, est toujours la même depuis la préhistoire. Au contraire, les êtres humains, selon les lieux et les époques, ne vivent pas de la même manière. Ils ne s'habillent pas pareil, ne mangent pas les mêmes choses, habitent dans des maisons différentes, parlent des langues distinctes. Il existe donc des façons de vivre fixes, toujours identiques, contenues en quelque sorte dans le corps, et puis, en ce qui concerne l'humanité, des manières de vivre extrêmement diverses. Ces manières de vivre sont diverses dans l'espace — nous ne vivons pas exactement comme les Esquimaux, ni comme les Chinois ou les Africains. Elles sont encore plus diverses dans le temps : nous ne vivons pas aujourd'hui comme au Moyen Âge ou comme nos grands-parents. Nous retrouverons des remarques d'autres occasions[1].

On peut poursuivre cette réflexion sur les différences en remarquant qu'il y a des manières de vivre que l'on subit et d'autres que l'on choisit. Par exemple, on n'a pas décidé de naître, on n'a pas décidé de naître fille ou garçon, on n'a pas voulu naître Français, Allemand ou Japonais. Et puis, il y a des manières de vivre que l'on choisit. Nous pouvons décider de faire un métier ou un autre, de vivre dans une région ou une autre. En de nombreuses occasions, on construit sa propre vie, on la fabrique au lieu qu'elle soit simplement fabriquée par notre corps.

Il faut donc distinguer entre une vie organique, biologique, celle des animaux et des plantes, celle de notre corps — je ne choisis pas de faire pousser mes ongles ou mes cheveux, ils poussent tout à fait bien tout seuls — et une vie que l'on peut appeler personnelle ou spirituelle, que nous construisons et que nous choisissons.

Mais on ne choisit pas le fait même de mourir. Déjà les Grecs, dans l'Antiquité, appelaient les hommes « les mortels ». Ce qui caractérise les hommes par rapport aux

1. Voir *Animaux et homme*, et *Nature et sociétés*, p. 119 et p. 129.

dieux, qui dans l'esprit des Grecs ne meurent pas, c'est d'être forcément confrontés à la mort. En disant seulement cela, on ne comprend pas encore tout à fait la justification de cette appellation : « les mortels ». En effet, les plantes meurent, elles aussi, et les animaux, quels qu'ils soient.

Pourquoi réserver aux êtres humains l'appellation « mortels » ? Parce que, à la différence des plantes ou des animaux, les hommes savent qu'ils vont mourir. Le lapin ne sait pas qu'un jour il finira par disparaître. Nous le savons. Nous pouvons attribuer au lapin une conscience de sa mort, mais c'est probablement notre manière de projeter notre conscience sur les autres formes de vie.

Autrement que les autres êtres vivants, l'homme est capable de se savoir mortel, de penser à sa mort, de s'y préparer. Que signifie ce vieux thème : la philosophie est l'apprentissage de la mort ? « Philosopher », disait Socrate, et Montaigne à sa suite, « c'est apprendre à mourir ». Voilà une expression curieuse, car on apprend généralement quelque chose en répétant. On peut apprendre à marcher ou à conduire, et ensuite on va marcher longtemps ou conduire longtemps. Mais apprendre à mourir ? Personne ne peut s'y exercer, apparemment, puisque on ne meurt jamais plusieurs fois…

L'expression signifie évidemment « se préparer à mourir », ne pas avoir peur de ce qui nous attend. Mais, après tout, pourquoi aurait-on peur ? Mourir est le propre de tout ce qui vit. Pas d'exception à cela. Pas de cas à part.

Et puis, la mort, c'est aussi ce qui donne son horizon, sa limite, sa signification à notre vie[1]. Nous ne savons pas ce que serait une vie où nous pourrions éternellement nous lever tous les matins et nous brosser les dents pendant des milliers d'années. Cela serait sans doute très différent de ce que nous vivons, mais cela serait aussi peut-être très ennuyeux, et très inhumain. Car la vie humaine est une vie qui sait qu'elle va se terminer un jour, que ce soit dans très longtemps ou dans très peu de temps.

• Quelques références

« Un homme libre ne pense à aucune chose moins qu'à la mort, et sa sagesse est une méditation non de la mort mais de la vie »

Spinoza, *Éthique*, Livre IV, proposition 57.

« Habitue-toi à vivre dans cette pensée que la mort n'est rien pour nous ; car tout bien comme tout mal ne réside que dans la sensation ; or la mort est privation de la sensibilité »

Épicure, *Lettre à Ménécée.*

1. Sur ces questions, voir R.-P. Droit et A. Kahn, *Vivre toujours plus ?*, Bayard, 2008.

« Ceux qui philosophent droitement s'exercent à mourir »

Socrate dans le *Phédon* de Platon (67e).

• Parmi les jeux possibles

Qu'est-ce qui vit ? Une pierre ou un cheval ? Une fleur ou une goutte d'eau ? Une lumière ou un papillon ? Etc.

Qu'est-ce qui meurt ? Une voiture ? Une feuille de papier ? Un malade ? Des blessés ? Etc.

Quelles sont les limites entre ce qui est vivant et ce qui n'est pas vivant ? Est-ce que la table est méchante ? Même quand je me cogne dessus et qu'elle me fait très mal, est-ce que je peux dire que la table est véritablement méchante ? Pourquoi ? Comment le savons-nous ?

Aimer ou détester

Pourquoi dire « aimer ou détester » plutôt que « aimer ou haïr » ? C'est évidemment la même signification, à très peu de chose près. Mais il se trouve que les enfants n'utilisent jamais le mot « haïr ». Or il est toujours mieux, quand c'est possible, d'employer leur vocabulaire. « J'te déteste », ou bien « Je déteste les tomates » sont des phrases que disent tout le temps les enfants, alors qu'ils ne diront jamais « j'te hais ».

De nouveau, nous avons un couple de notions. Rappelons qu'il est toujours judicieux de penser « à double face » : « face claire, face sombre » ou bien « positif et négatif », ou encore « x et son contraire ». Recourir à ces couples d'opposés permet de passer d'un versant à l'autre, d'explorer leur ambiguïté.

Ce couple « aimer-détester » est évidemment essentiel. Il désigne ce que nous vivons de plus fort. Il nomme ce que les enfants aussi éprouvent de plus intense et de plus violent — qu'il s'agisse de la colère destructrice ou bien du besoin fondamental de protection, de tendresse et de lien humain.

Que peut-on remarquer tout de suite ? Aimer et détester se disent en plusieurs sens — que les enfants utilisent et qu'ils comprennent très bien. Aimer sa mère ou son père, est-ce la même chose qu'aimer les bonbons ou la mousse au chocolat ? Cette question leur parle immédiatement. Détester celui qui vous a battu à la récréation, est-ce la même chose que de détester les épinards ou les radis ? Évidemment non, et pourtant il y a bien un noyau de signification qui est commun.

L'autre point que les enfants aperçoivent facilement et sur lequel ils peuvent commencer à réfléchir, c'est combien « aimer » ou « détester » ne se passent pas « à l'intérieur » d'un seul individu, à l'intérieur d'une seule personne. Ces sentiments qui nous construisent et nous constituent se forment et se développent toujours « entre ». C'est « entre » deux personnes au moins qu'un amour se tisse, c'est « entre » deux personnes au moins qu'une détestation peut naître. Ce n'est pas dans le cœur d'un seul, de manière isolée, que le sentiment se développe. Positif ou négatif, le sentiment a pour domaine la relation, l'entre-deux, le passage de l'un à l'autre de paroles, de regards, de gestes.

Les philosophes ont énormément écrit à propos de l'amour comme à propos de son contraire. Là comme ailleurs, pas question d'écraser les enfants sous le poids des bibliothèques. Mais rien n'interdit de leur raconter de belles histoires, comme Platon lui-même le fait pour décrire l'origine de l'amour, pour expliquer comment il peut se faire que des gens qui ne se sont jamais vus, qui se rencontrent pour la première fois, peuvent ressentir, de manière soudaine, brutale, impossible à empêcher, l'impression qu'ils sont faits l'un pour l'autre, qu'ils se connaissent depuis toujours et qu'ils vont désormais manquer cruellement l'un à l'autre s'ils s'éloignent ou s'absentent.

L'histoire que Platon raconte[1] veut que les êtres humains, au début, aient été comme des boules, possédant deux têtes, quatre bras et quatre jambes. Ces boules étaient à la fois homme et femme, homme d'un côté et femme de l'autre. Et puis, un jour, les dieux ont décidé de les séparer, de faire de chacune de ces boules deux moitiés. Alors ils les ont coupés en deux, et décollés de telle sorte que, au lieu d'avoir une boule, on a eu deux personnes. Chacune avait désormais une seule tête, deux bras, deux jambes.

C'est depuis ce jour-là, explique Platon, que chaque moitié cherche à retrouver l'autre, à se recoller à elle pour reconstituer l'être fondamental et premier, et refaire la boule, si l'on peut dire. Cette légende permet de comprendre quelque chose de tout à fait important de ce qui constitue l'amour : il semble s'éprouver comme un manque. Nous recherchons dans l'autre comme une partie

1. On connaît ce texte sous le nom de « mythe de l'androgyne ». Voir Platon, *Le Banquet*, 189 d -193 d.

de nous-mêmes dont nous serions séparés et que nous voulons rejoindre. Au manque s'ajoute un désir de fusion : nous voulons nous fondre en l'autre, ou le fondre en nous. Il s'agirait de mettre fin au manque par le mélange et la fusion. D'ailleurs, quand on dit « je vais te manger », n'est-ce pas aussi de cela qu'il s'agit ?

Cette conception est importante, mais ce n'est pas la seule. Il existe une autre approche, tout à fait différente et même opposée. Cette vision opposée fait de l'amour une affirmation plutôt qu'un manque, une plénitude au lieu d'une carence. Cette plénitude du désir a été soutenue par Spinoza au XVIIe siècle. Là encore, on ne va pas faire tomber de gros volumes sur la tête des petits.

Essayons, en parlant, en trouvant des exemples, en jouant, de leur faire entrevoir — seulement entrevoir — un changement de perspective. Pourrait-on donc imaginer qu'au lieu d'être « attiré » par la beauté des choses ou des personnes que nous aimons, nous soyons le point de départ, le moteur ? Est-ce qu'on trouve sa maman « belle » parce qu'elle est vraiment belle, ou est-ce qu'on la trouve belle parce c'est maman et qu'on l'aime avant de la trouver belle ?

« Je ne désire pas une femme parce qu'elle est belle, mais je la trouve belle parce que je la désire », dit Spinoza. À ses yeux, au lieu d'être un manque, l'amour est une plénitude. « Je n'aime pas ma maman parce que je la trouve belle, mais c'est parce que je l'aime que je la trouve belle. » Par rapport à la boule coupée en deux, on a changé de registre. Avec un peu de patience et quelques exemples à inventer, les enfants peuvent entrevoir ce genre de changement de paysage.

Que faire de la détestation, et des sentiments apparemment négatifs qui l'accompagnent ? Surtout ne pas condamner d'emblée ces sentiments, même s'ils paraissent repoussants et condamnables. Évitons de dire tout de suite aux enfants : « Comme c'est mal de détester quelqu'un ou quelque chose ! Ne fais pas cela ! Aimons-nous les uns les autres… il n'y a que cela qui importe. »

Même si ce jugement est évidemment juste, en fin de compte, il ne faut pas faire trop vite l'impasse sur les sentiments de détestation, de dégoût, de rejet. Certes, mieux vaut aimer que détester. Mieux vaut la relation que son refus, et l'amitié que l'exclusion. Mais il existe aussi — et les enfants y sont vivement sensibles — un plaisir de haïr. Il existe une forme de réjouissance — parfois condamnable, parfois supportable —, dans la volonté de rejeter ou de refuser les agissements des autres.

Après tout, il y a bien des crimes que nous avons raison de détester. Il existe des comportements néfastes que nous sommes en droit de tenir légitimement en haine. Et si un enfant déteste quelqu'un, ce peut être pour de mauvaises raisons, mais nous ne pouvons pas écarter l'hypothèse que ce soit aussi, parfois, pour des motifs acceptables. Nous ne savons pas nécessairement ce qui s'est passé à la récréation, ou ailleurs.

Pour vérifier l'existence de ce plaisir de détester, au lieu de vous horrifier, demandez donc à votre enfant si cela lui fait de la joie quand il n'aime pas quelqu'un. Quel genre de plaisir il éprouve ? Quelle satisfaction il retire du fait de se venger ou d'être méchant ? Ces sentiments qui nous paraissent à écarter d'emblée ne doivent l'être qu'après avoir été exprimés ou, en tout cas, considérés.

Il s'agit de mauvais penchants, de méchants plaisirs ? Cela n'empêche pas qu'il s'agisse aussi de plaisirs, tout simplement. Nos enfants ne sont pas des anges. Nous non plus, d'ailleurs, si nous sommes honnêtes. Il peut être utile de le reconnaître, et de prendre conscience du plaisir de haïr, pour mieux distinguer ensuite les plaisirs qu'on se permet et ceux qu'on choisit de se refuser.

Deux idées sont à retenir comme points de départ, ou points de passage, pour de nombreux dialogues.

1 – Amour et détestation sont les forces qui rassemblent et les forces qui séparent. L'amour est toujours en train de relier, de rapprocher, de tisser des liens entre les individus ou entre les peuples. L'amitié possède évidemment le même pouvoir de rapprochement et de cohésion. Au contraire, la haine est toujours ce qui éloigne, sépare, désorganise, dissocie.

On pourrait imaginer que l'amour construit, comme un jeu de cubes, les édifices de la vie humaine, alors que la détestation, comme un coup de pied ou de poing, vient disperser les cubes et les éloigner les uns des autres.

2 – Ces deux forces de notre esprit et de nos sentiments sont à la fois opposées et reliées l'une à l'autre.

Il n'y a pas seulement alternance : « J'aime, puis je déteste, puis j'aime. » Cela peut arriver, évidemment, mais il y a surtout une lutte interne, des points de passage, et peut-être, finalement, toujours un peu de détestation dans l'amour lui-même et un peu d'amour dans la détestation.

C'est encore une chose que les enfants peuvent comprendre. « Si tu détestes tellement cette personne, il se peut qu'elle t'intéresse, dans le fond. Tu lui accordes beaucoup de ton énergie, beaucoup de temps et de pensée. Tu la détestes très fort, tellement que peut-être tu l'aimes un peu… » Ou bien : « Quand tu aimes quelqu'un, il arrive un jour que tu sois en colère, et que tu détestes la personne que tu aimes… » C'est ainsi que les enfants peuvent approcher facilement de cette idée de l'alternance, de l'éventuel passage du positif au négatif.

Ils peuvent aussi comprendre la triste et amusante histoire des hérissons. En plein hiver, ils ont très froid. Ils éprouvent le besoin de se rapprocher pour se tenir chaud. Ils se collent les uns aux autres pour se protéger du froid. Mais, quand ils se rapprochent, leurs piques leur entrent dans la peau et les blessent. Alors, ils s'éloignent pour cesser de se piquer. Mais ils ont froid de nouveau, donc ils se rapprochent pour se réchauffer, mais ils se piquent, et ils s'éloignent, et ils ont froid, et ainsi de suite.

Est-ce que cette histoire, que raconte Schopenhauer, ressemble au fait d'aimer et de détester ? Est-ce que c'est une histoire qui ressemble aux êtres humains ? Est-ce que c'est une histoire qui est vraie ou est-ce juste une mauvaise manière de voir les choses ?

• Quelques références

« On prend un plaisir pervers mais bienheureux à être méchant, car c'est une source de satisfaction qui ne s'épuise jamais »

W. Hazlitt, *Le Plaisir de haïr.*

« Comme j'aimais à aimer, je cherchais un objet à mon amour, j'avais horreur de la paix d'une voie sans embûches »

Augustin, *Confessions*, Livre I, chapitre 3.

« [...] la coexistence chronique de l'amour et de la haine envers une même personne, et la très grande intensité de ces deux sentiments, voilà qui a de quoi surprendre. En effet, cette coexistence de sentiments contraires n'est possible que dans certaines conditions psychologiques particulières et grâce à leur caractère **inconscient**. L'amour n'a pas éteint la haine, il n'a pu que la refouler dans l'inconscient et là, assuré contre la destruction de l'action du conscient, elle peut subsister et même croître. [...] Une séparation très précoce des contraires à l'âge "préhistorique" de l'enfance, accompagnée du refoulement de l'un des deux sentiments, de la haine en général, semble être la condition de cette "constellation" si étrange de la vie amoureuse »

S. Freud, *L'Homme aux rats*, note ajoutée en 1923.

• Parmi les jeux possibles

Qui tu aimes ? Qui tu détestes ?
Si une personne que tu aimes faisait quelque chose que tu détestes, est-ce que tu la détesterais ? (Choisis une personne, imagine une action, cherche différentes possibilités pour réfléchir à quelles conditions tes sentiments pourraient changer.)
Si une personne que tu détestes faisait quelque chose que tu aimes vraiment beaucoup, est-ce que tu l'aimerais ? (*idem*).

Être beau ou laid

Tous les enfants connaissent cette notion. « Qu'est-ce que c'est beau ! C'est trop beau ! » Ils le disent spontanément — face à un paysage, une photo, un gâteau, un ciel étoilé ou une musique qui les fait vibrer. Il existe une émotion particulière du beau, faite de perception immédiate de l'ordre et de l'harmonie et du plaisir qui en découle.

Au contraire, le plus souvent, la laideur ne fait pas partie du vocabulaire des enfants, et sans doute assez peu de leur perception du monde. Des situations peuvent leur paraître effrayantes et les terroriser, des choses peuvent leur paraître « dégoutantes », mais la laideur, considérée du point de vue purement esthétique, semble rarement représentée dans leurs réactions immédiates.

En revanche, il est très habituel que les enfants disent « ce n'est pas beau de faire ça » — en parlant d'un geste, d'un acte vulgaire ou répréhensible. Somme toute, la laideur est bien souvent pour eux morale avant d'être physique. Il n'y a pas à chercher bien loin la raison pour laquelle les enfants sont peu sensibles à ce que nous considérons comme la laideur physique. C'est qu'ils assimilent, et même fusionnent, l'amour et la beauté.

Leur maman est toujours belle, même si elle n'est pas nécessairement sublime aux yeux des autres, du seul point de vue esthétique. Leurs grands-parents — même vieux, courbés, fripés, diminués — leur paraissent beaux simplement parce que sur l'apparence physique priment l'affection, la tendresse, l'amour.

Cependant, bien qu'ils ressentent spontanément la beauté, les enfants auront bien du mal à la définir. Les adultes ne se trouvent d'ailleurs pas, face à cette question, dans une situation beaucoup plus confortable. Nous savons ce qui est beau quand on ne nous le demande pas, mais nous ne le savons plus dès qu'on nous le demande, et qu'il faut en fournir une explication clairement formulée.

La difficulté ne date pas d'hier. Déjà, quand Socrate demandait à un personnage nommé Hippias ce qu'est la beauté, les mêmes embarras existaient. D'ailleurs, au début de leur dialogue, Hippias ne comprend même pas la question. Il répond : « La beauté ? C'est un beau vase, un vase en or. » Socrate réplique qu'il n'a pas demandé un exemple de chose belle, mais en quoi consiste la beauté. Hippias ne saisit pas. Il continue à donner des exemples : « Une belle jument, voilà la beauté. Une belle jeune fille, c'est ça, la beauté. »

Et Socrate met du temps pour arriver à faire comprendre à Hippias qu'il faut considérer la situation dans l'autre sens : ce n'est pas en ajoutant le beau vase à la belle jeune fille et à la belle jument qu'il va pouvoir trouver, en les comparant, ce qu'est la beauté. Au contraire, il faut qu'il possède déjà une idée de ce qui est beau, une représentation de la beauté, pour pouvoir dire, en regardant parmi les vases : « celui-là est beau », parmi les juments ou parmi les jeunes filles : « celle-ci est belle ». Voilà le renversement de perspective : il faut déjà posséder dans son esprit une certaine idée de la beauté pour dire que certaines choses sont belles.

En quoi consiste cette idée de la beauté ? Est-elle variable ou invariable ? Est-ce qu'elle dépend de chacun, de son goût, de ses caprices ? Est-ce que la beauté change à travers le temps, l'espace, les cultures, les pays, les langues ? En ce cas, on va trouver belle une chose dans notre pays, et la même chose ne sera pas trouvée belle dans un autre. Au contraire, existe-t-il des objets, des musiques, des spectacles des paysages que tous les êtres humains admirent — quels qu'ils soient, quels que soient leur âge, leur formation, leur origine ?

Sur ce point, les discussions sont infinies. Il faut savoir expliquer aux enfants que tout le monde, sur ces questions-là, n'est pas d'accord, qu'il y a une grande variété de positions et de façons de penser. Face à la nature, face au spectacle de la montagne, de la mer, des étendues infinies du ciel, pratiquement tous les êtres humains sont frappés par la beauté terrestre. Il semble bien que ce soit un sentiment universel. Il faudrait donc distinguer entre des goûts liés à l'éducation qu'on a reçue, et une forme de sensibilité naturelle qui nous permet d'éprouver la beauté de l'univers. Mais il est difficile de l'expliquer et d'en trouver les causes. Pourquoi trouvons-nous la nature belle ? Nous pouvons constater que c'est pratiquement toujours le cas, dans certaines circonstances, mais nous ne savons pas exactement pour quelles raisons.

Sensibles aux beautés naturelles, les enfants sont également portés à passer facilement du physique au moral, de la beauté corporelle à la beauté du cœur ou de l'intelligence. Pourtant, il est trop simple de se contenter de leur dire : « Tu sais, quelqu'un qui n'est pas beau du tout physiquement peut être très gentil, et donc très beau dans son cœur ou dans sa tête. »

Bien sûr, cela est indiscutablement vrai. Mais peut-être est-il plus intéressant d'aider les enfants à comprendre qu'il s'agit, en fait, d'une seule et même beauté. Au lieu d'opposer comme blanc et noir la laideur physique et la beauté morale, l'extérieur et l'intérieur, il est possible de leur faire sentir que celui ou celle qui est vraiment beau ou belle dans son cœur n'est pas du tout laid(e) dans son corps.

On devrait pouvoir reconnaître plusieurs étapes dans une promenade d'idées de ce genre. Du seul point de vue du peintre ou du photographe, il y a des visages beaux et d'autres qui le sont moins. Du point de vue du cœur, la personne la plus laide pour le photographe peut être très belle, parce qu'elle est généreuse, intelligente, attentive aux autres.

Mais il est aussi possible que le photographe ait du cœur. Alors il s'apercevra, que cette autre forme de la beauté, celle du cœur, se voit aussi sur le visage. Elle l'illumine du dedans.

• Quelques références

« Lorsqu'il s'agit de ce qui est agréable, chacun consent à ce que son jugement [...] soit restreint à sa seule personne. Aussi bien disant : "Le vin des Canaries est agréable", il admettra volontiers qu'un autre corrige l'expression et lui rappelle qu'il doit dire : cela m'est agréable. [...] La couleur violette sera douce et aimable pour celui-ci, morte et éteinte pour celui-là. Celui-ci aime le son des instruments à vent, celui-là aime les instruments à corde. Ce serait folie que de discuter à ce propos [...] le principe : "À chacun son goût" (s'agissant des sens) est un principe valable pour ce qui est agréable. Il en va tout autrement du **beau.** [...] lorsqu'il dit qu'une chose est belle, il attribue aux autres la même satisfaction ; il ne juge pas seulement pour lui, mais aussi pour autrui et parle alors de la beauté comme si elle était une propriété des choses »

E. Kant, *Critique de la faculté de juger*, § 7.

« Tout l'éclat des grandeurs n'a point de lustre pour les gens qui sont dans les recherches de l'esprit.
La grandeur des gens d'esprit est invisible aux rois, aux riches, aux capitaines, à tous les gens de chair.
La grandeur de la sagesse, qui n'est nulle sinon de Dieu, est invisible aux charnels et aux gens d'esprit.
Ce sont trois ordres différents de genre »,

Pascal, *Pensées*.

• Parmi les jeux possibles

Qu'est-ce qui est beau ?
Qu'est-ce qui est laid ?
Qui connais-tu qui est beau ? Pourquoi ?
Qui connais-tu qui est laid ? Pourquoi ?
Crois-tu que cette personne laide est vraiment laide ?
Es-tu sûr que cette personne belle est vraiment belle ?
Et pourquoi ? Etc.

Fille ou garçon

Cette différence est sans doute la plus simple, la plus évidente et, en apparence, la plus éclatante de toutes.

Être une fille ou un garçon, ça se voit dans les vêtements, dans le visage, dans la coiffure, dans la manière de se comporter, dans les actes que l'on fait et, bien sûr, les enfants le savent sans en avoir toujours une conscience très vive, dans l'organisme, dans le corps lui-même, dans les organes sexuels et dans ce qu'on appelle les signes secondaires.

Mais cette évidence la plus vive est en même temps sans doute la plus mystérieuse, parce que nous rencontrons ici ce qui est à la fois le plus proche et le plus lointain.

Fille et garçon ou homme et femme sont totalement semblables et totalement différents, absolument proches, humains pleinement l'un et l'autre, les uns et les autres et cependant incapables de jamais savoir « quel effet ça fait » d'être l'autre. Aucune fille ne sera jamais dans la peau d'un garçon, aucun garçon ne sera jamais dans la peau d'une fille.

Certes, on peut se déguiser, on peut jouer, on peut faire semblant, on peut imaginer, on ne vit jamais pleinement et réellement l'expérience d'être l'autre sexe.

Et puis, à côté de cette étrangeté familière, que Freud et les psychanalystes pourraient appeler l'inquiétante étrangeté (*unheimliche*) qui désigne ce qui est à la fois le plus familier, le plus habituel mais, en même temps, dans cette familiarité, le plus étrange, se pose la question de savoir pourquoi il en est ainsi. Après tout, pourquoi y a-t-il des garçons et des filles, pourquoi y a-t-il des hommes et des femmes, du féminin et du masculin, des papas et des mamans, pourquoi les êtres humains ne sont-ils pas tous identiques, absolument semblables, et pourquoi y a-t-il deux sexes, deux genres, plutôt qu'un seul, ou trois, ou quatre ?

Si l'on dit qu'il en va ainsi chez les animaux, on aura évidemment une réponse qui ne fait que reculer la question d'une case ou d'un étage, car il faudra alors demander pourquoi est-ce ainsi chez les animaux ?

En fait, il faut aussi se rendre compte que la situation n'est pas exactement la même chez les animaux et chez les êtres humains.

Ce qui est semblable, c'est le fait qu'il y ait du masculin et du féminin, des mâles et des femelles. Mais sur cette division naturelle, physiologique, physique des rôles des profils sexuels, les sociétés humaines ont construit chacune des rôles différents, des manières multiples d'être un petit garçon, d'être une petite fille, d'être une femme, d'être un homme.

Les femmes des Romains de l'Antiquité ne ressemblent pas aux femmes de la France du XIXe siècle ni aux femmes d'aujourd'hui et il en est de même pour les hommes.

Les relations même entre les hommes et les femmes sont différentes d'une société à l'autre, d'une époque à l'autre, et il faut évidemment, là aussi, s'apercevoir que ce qui est en apparence purement « naturel » est transformé par la société et par l'histoire.

Rien n'est plus important dans ce domaine que l'apprentissage par chaque enfant des rôles qu'il est censé jouer en fonction de son appartenance sexuel.

Et sur ce point crucial, il semble souvent — chaque parent l'a probablement constaté avec plus ou moins de stupéfaction — que les enfants soient extraordinairement conservateurs en matière de rôle sexuel.

Les petits garçons rêvent d'être des hommes chasseurs, dominateurs. Ils affirment vouloir garder leur femme à la maison pour faire la cuisine et la vaisselle, à la grande stupéfaction des adultes, et, symétriquement, les petites filles, pour la plupart, rêvent de pouponner, d'avoir des enfants, de faire les courses et le ménage et pas du tout d'avoir une carrière professionnelle identique à celle des hommes.

Il est extrêmement délicat et compliqué de savoir pourquoi il en est ainsi et quelle est la cause profonde de ce conservatisme des enfants.

Mais, sans entrer dans cette question complexe, il est tout à fait certain que le rôle des parents est de leur faire comprendre à la fois égalité et différence entre hommes et femmes.

L'égalité est quelque chose d'absolument fondamental et il est essentiel que les petites filles comme les petits garçons apprennent et comprennent, dès leur plus jeune âge, qu'ils sont chacun pleinement humain, qu'il n'y a entre eux aucune relation possible de domination, de dépendance, de hiérarchie. Bref, c'est aussi grand, fort et bien d'être une fille que d'être un garçon. Inversement, il n'y a pas plus de fierté à être une fille qu'un petit garçon.

Malgré tout, il faut aussi, et c'est une tâche véritablement philosophique, leur faire comprendre que l'égalité ne signifie pas exactement la similitude. Des hommes peuvent être blanc, noir, jaune et donc différents de couleur de peau, mais parfaitement égaux dans leur liberté, dans leur droit, dans leur capacité humaine et dans leur intelligence. De la même manière, jamais une petite fille ne sera physiquement comme un petit garçon et inversement, mais cette différence (qui peut entraîner des univers de sensibilité ou de création distinctes) ne signifie pas une quelconque subordination.

On peut être différent et absolument, et totalement, égaux. Voilà ce qu'il faut arriver à leur faire comprendre.

Les différences sont des données de la nature ou de l'histoire ou de l'éducation, et les droits sont une création de l'humain. Ils sont instaurés pour manifester une égalité fondamentale de tous les êtres humains dans leur pensée, leur action et leur liberté.

• Quelques références

« On peut donner la virilité comme caractère à un personnage, mais il ne convient pas à une femme d'être virile ou trop intelligente »

Aristote, *La Poétique*.

« On ne naît pas femme, on le devient »

S. de Beauvoir, *Le Deuxième Sexe*.

• Parmi les jeux possibles

Comment sais-tu que cette personne est une femme ? Un homme ? Et si c'était un déguisement ? À quoi vois-tu que c'est seulement une apparence, pas la réalité ?

Qu'est-ce que tu penses de ces phrases : « les hommes n'ont pas de seins », « les hommes sont

incapables d'avoir des bébés dans leur ventre », « les hommes ne savent même pas faire la cuisine » ?
Si une femme est patron, ministre, contremaître, pilote, etc. pourquoi doit-elle, en plus, faire chez elle la vaisselle, le ménage, le linge et les courses ?

- 3 -

Vivre ensemble

Agir bien ou mal

Le sens du bien et du mal existe-t-il en nous « par nature », comme le croyait Rousseau ? Et comme le pensait Kant, qui imaginait « la loi morale en nous » telle une propriété de notre raison ? La conscience morale est-elle au contraire acquise ? Est-ce le résultat de l'éducation, une sorte de dressage ou de domestication sociale ? Bon nombre de philosophes contemporains, depuis Nietzsche, l'ont pensé.

Inutile, toutefois, d'entrer dans cette querelle interminable avec les enfants. Elle ne les intéresse pas. Non en fonction de sa complexité, mais parce qu'ils ont du mal à concevoir que le bien et le mal puissent être relatifs ou même simplement remis en cause.

En fait, les enfants sont rousseauistes sans le savoir. Rousseau disait : « je suis mon cœur ». Ce qu'il faut faire, ou éviter de faire, pour bien agir, les enfants le ressentent « dans le cœur » — comme ils disent. Ils ont généralement le sentiment qu'on connaît de façon immédiate ce qui est bien et ce qui est mal : on le ressent, à l'intérieur de soi-même, dans ses fibres.

S'ils croient ainsi savoir, de manière spontanée, ce qui est bien ou mal, c'est que, comme nous, quand ils ont le sentiment d'avoir agi comme il faut, ils éprouvent à l'évidence, une sorte de fierté. Au contraire, ils ressentent une colère contre eux-mêmes, un sentiment de reproche et de remords, une culpabilité sourde, lorsqu'ils ont fait quelque chose de mal ou qu'ils ont pensé le faire.

Ils oublient qu'il faut avoir effectivement fait quelque chose. Qu'il est nécessaire d'agir, de commettre un acte. Que seuls les actes peuvent être réellement considérés comme bons ou mauvais. C'est une réalité que les enfants ne perçoivent pas toujours d'emblée. Parfois, ils sont très étonnés si on leur dit qu'une pensée méchante n'est pas réellement comparable au fait de faire du mal « en vrai ».

La distinction entre la pensée et la réalité, contrairement à ce qu'on pourrait croire, n'est pas une donnée première. Nous avons tous été piégés, enfants, par cette illusion que Freud a dénommé la « toute-puissance des pensées » : si nous avions souhaité le malheur de quelqu'un, nous étions terrifiés à l'idée que notre vœu se réalise, parce que nous attribuions à notre pensée une capacité de modifier la réalité.

En grandissant, nous savons qu'il n'en est rien. Mais ce savoir ne nous empêche pas de continuer à croire, à bas bruit, plus ou moins intensément, à l'influence des seules intentions sur le cours des événements. Il peut arriver que nous continuions à craindre qu'il puisse arriver malheur à ceux que nous avons maudits. Pourtant, si on nous interroge, nous affirmerons, en tant qu'adultes raisonnables, que penser une chose n'est pas identique à l'accomplir.

Ainsi, nous dirons que nous savons très clairement ce que signifie exactement agir bien ou agir mal. Pour le préciser, inutile d'entrer dans de longues considérations sur les fondements de l'éthique. Nous tous, adultes et enfants, comprenons de façon simple et immédiate qu'agir mal signifie d'abord nuire à l'autre, le faire souffrir, l'empêcher de faire ce qu'il veut, le priver de ce qu'il devrait avoir, tromper sa confiance, le rendre ridicule, lui faire honte.

Tous ces mauvais traitements, à la fois physiques et moraux, sont immédiatement parlants pour les enfants. De la même manière, ils comprennent de façon rapide et claire que bien agir c'est d'abord faire plaisir à l'autre, mais aussi, au minimum, ne pas lui nuire, ne pas le faire souffrir. Entre provoquer un plaisir et ne pas occasionner de désagrément, les enfants voient tout de suite la nuance.

Ils comprennent donc ce qui — depuis toujours, et dans pratiquement toutes les civilisations — a constitué le fondement de la morale : ne fais pas aux autres ce que tu ne voudrais pas qu'on te fasse.

Tu n'aimes pas qu'on te prive de tes jouets ? Que l'on crache dans ton assiette ? Que l'on vienne te voler tes bonbons ? Que l'on coupe la télévision quand tu la regardes ? Que l'on arrête la console vidéo pendant que tu joues ? Que l'on fasse du bruit quand tu es en train de t'endormir ?

Alors, si effectivement tu n'aimes rien de tout cela, si tu ressens combien c'est dérangeant, désagréable, à ton tour ne fais pas aux autres toutes ces choses qui te sont désagréables. Tu es content qu'on te les épargne ? Épargne-les toi-même aux autres ! Voilà véritablement le point de départ de la morale.

Cela est très simple à comprendre. C'est ce qu'on appelle « la règle d'or ». Cette « règle d'or » consiste à s'abstenir de nuire aux autres. Elle se retrouve dans le principe même de tous les préceptes moraux. Au-delà des petits désagréments que l'on vient de prendre comme exemples, elle inspire aussi la règle qui impose de ne pas voler (parce que je déteste qu'on me vole mes affaires, je ne vais pas voler celles des autres), de ne pas tuer, de ne pas agresser, injurier ou mépriser les autres personnes.

Sans doute peut-on trouver insuffisante une règle d'abstention du mal. Ne pas nuire aux autres, ce n'est pas la même chose que de chercher leur bien ou de leur procurer de grandes satisfactions. Si l'on veut aller au-delà de cette première règle fondamentale de non-agression, de non-nuisance, de non-violence, il faut se tourner vers la maxime du Christ : « Aime ton prochain comme toi-même. »

Cette exigence — si difficilement accessible — est d'un autre ordre. Elle constitue en fait un au-delà de la simple morale, un idéal d'offrande de soi, de dévotion à l'autre. Ceci représente une exigence proprement religieuse. Et donc bien plus qu'une morale de base. Il convient en premier d'œuvrer, même si ce n'est pas aisé, à ce que la règle d'or soit mise en œuvre par tous.

• Quelques références

« Qui nous donnera, Chrétiens, non ce point appuyé hors de la terre, que demandait ce grand géomètre pour la remuer hors de son centre, mais un point hors de nous-mêmes, pour nous regarder du même œil que nous regardons les autres, et arrêter dans notre cœur tant de mouvements déréglés que l'intérêt y fait naître ? [...] où trouverons-nous ce point de détachement pour sortir de nous-mêmes hors de nous-mêmes, et nous voir d'un œil équitable et désintéressé ? »

Bossuet, *Sermon sur la justice.*

« La conscience est la voix de l'âme, les passions sont la voix du corps. Est-il étonnant que souvent ces deux langages se contredisent ? et alors lequel faut-il écouter ? Trop souvent la raison nous trompe, nous n'avons que trop acquis le droit de la récuser ; mais la conscience ne nous trompe jamais ; elle est le vrai guide de l'homme : elle est à l'âme ce que l'instinct est au corps ; qui la suit obéit à la nature, et ne craint point de s'égarer »

J.-J. Rousseau, *Émile ou De l'éducation.*

• Parmi les jeux possibles

Pourquoi, à ton avis, faut-il punir celui qui a fait du mal ?
Punir celui qui fait du bien, c'est mal ?
Récompenser celui qui fait du mal, c'est bien ?
Comment sais-tu qu'une action est du côté du bien, ou du mal ?

Être juste ou pas juste

« C'est pas juste ! » Ce cri, tous les parents l'entendent, et plusieurs fois par jour. Pour les enfants, c'est une protestation. Elle repose sur un sentiment d'injustice qui semble s'imposer de soi-même, comme une évidence absolue, immédiate et spontanée. C'est précisément cette évidence première qu'il va falloir mettre en lumière, et examiner, pour voir de quoi elle est faite, ce qu'elle renferme de vrai mais aussi parfois d'incomplet.

La protestation — « c'est pas juste » — se présente comme une forme de révolte contre quelque chose qui ne va pas, qui semble intolérable et ne peut plus durer. On n'entend jamais les enfants hurler « c'est juste ! » en admirant une bonne répartition des choses ou une équitable récompense. On les entend seulement s'insurger contre le fait que telle consigne, telle décision, telle punition ou telle récompense ne sont *pas* justes.

Cette révolte et cette protestation ne sont pas toujours légitimes, du point de vue des adultes. Mais, en laissant pour l'instant de côté les cas particuliers, il convient de regarder ce que contient ce mouvement d'indignation. Les analyses d'Albert Camus, dans *L'Homme révolté*, peuvent servir de guide. On est fort loin des cris d'enfants ? Peut-être pas.

Le philosophe souligne en effet que la révolte se présente d'abord comme un sursaut face à une situation jugée absurde. Cette révolte est une volte-face, comme son nom l'indique, un retournement, une manière de se dresser contre l'ordre du monde. Elle surgit à l'instant où l'on éprouve que « ce n'est plus possible », « ça ne peut plus durer », il faut refuser cet état de choses, dire « non ».

Ce non, dit Camus, « affirme l'existence d'une frontière ». L'intolérable cesse d'être toléré. Finies les soumissions, humiliations, indignités et injustices — un autre monde est souhaitable, plus juste et plus humain. Ainsi, même dans la protestation qui paraît spontanée, irréfléchie, épidermique, il existe en filigrane un modèle, une idée de ce qui est bien, une représentation de la justice. Cette représentation n'est pas explicitée. Mais elle existe déjà, car dès que se manifeste la révolte, celle-ci est porteuse, à sa manière, d'un ordre, d'une série de valeurs.

C'est pourquoi, quand les enfants crient « c'est pas juste », il est possible de leur demander pour quelle raison ce n'est pas juste, et surtout ce qui serait juste, et pourquoi. On se rend compte alors qu'ils pensent souvent que le fait d'être juste — pour une décision, un partage — consiste à ce que chacun ait rigoureusement la même chose que l'autre. Bien sûr, cela n'est pas faux. Les enfants ont même tout à fait raison sur ce point, mais à une condition précise : qu'on ait affaire à une situation où tout le monde se trouve sur le même plan.

Si c'est le cas, alors il est tout à fait juste que tout le monde soit traité de la même manière. Quand tous les enfants se sont lavé les mains (ont fait leurs devoirs, ont pris leur douche, ont lavé la vaisselle, ont rangé leur chambre… au choix), il est juste que chacun ait un bonbon (une sortie, un esquimau… au choix). Le traitement est juste en étant identique si — *et seulement si !* — les conduites sont identiques et les cas individuels semblables.

Contre exemple. Imaginons deux enfants. L'un a rangé sa chambre et fait la vaisselle, comme les parents l'avaient demandé. L'autre a regardé des DVD au lieu de faire ses devoirs, a mis du pop-corn plein le canapé du salon et ne s'est occupé de rien d'autre. Est-il juste de donner une récompense aux deux ? Faut-il les traiter de la même manière ?

Est-ce qu'il sera juste de traiter identiquement celui qui a fait ses devoirs, son lit et la vaisselle, et celui qui non seulement n'a rien fait mais a mis du désordre, n'a aidé personne et a même empêché les autres de travailler ? Évidemment non. Alors ? Il y a des cas où « il est juste » que tout le monde soit « traité pareil » et il y a des cas où ce qui est juste, c'est au contraire que chacun ne soit *pas* traité pareil. Punir quelqu'un de gentil et d'obéissant sera injuste. Récompenser celui qui est méchant, le sera aussi.

Il y a donc deux façons d'être juste. Elles ne s'opposent pas mais se combinent. En termes philosophiques, on parle d'une justice commutative (à chaque enfant le même traitement : chacun son bonbon, sa même part de gâteau, à chacun rigoureusement les mêmes choses) et d'une justice distributive, qui répartit selon les cas des récompenses, des punitions, des félicitations ou des blâmes.

Ainsi, d'un côté, est juste le traitement identique et, de l'autre côté, est juste le traitement non identique. Dans le premier cas, il s'agit de conserver à chacun le même droit, dans le second cas il s'agit de récompenser des mérites ou de punir de mauvaises actions. Ces deux situations sont différentes, et les enfants le comprennent très bien.

En fait, s'ils le comprennent, ils ne veulent pas souvent l'admettre. Tout dépend de la situation où ils se trouvent. Selon qu'il s'agit de recevoir une récompense ou une punition, leurs argumentations sur le juste et l'injuste peuvent changer de perspective. Nous devrions le comprendre d'autant mieux que nous sommes souvent, adultes, dans la même situation.

Un grand pas est accompli, pour les enfants comme pour nous, quand nous sommes capables de dissocier notre compréhension et nos sentiments. Autrement dit quand nous sommes en mesure, par exemple, de comprendre qu'une punition qui nous concerne peut être juste, si nous avons mal agi, même si elle nous est désagréable.

• Quelques références

« Qu'est-ce qu'un homme révolté ? Un homme qui dit non. Mais s'il refuse, il ne renonce pas : c'est aussi un homme qui dit oui, dès son premier mouvement. [...] La révolte ne va pas sans le sentiment d'avoir soi-même, en quelque façon, et quelque part, raison »

A. Camus, *L'Homme révolté.*

« Telle est précisément la nature de l'équité : elle est un ajustement de la loi, dans la mesure où celle-ci est négligente en raison de sa généralité »

Aristote, *Éthique à Nicomaque*, V, 10.

• Parmi les jeux possibles

C'est juste quant tout le monde est traité pareil ? Alors, quand tout le monde est puni, bien que personne n'ait rien fait de mal, c'est juste ?

Tu changes de place, et c'est toi qui vas décider ce qui est à punir et à récompenser. Réfléchis bien... Tu vois toujours la situation de la même façon ?
L'homme invisible, qu'est-ce qui pourrait le retenir de voler, de tuer ?

Obéir, être libre

Tous les enfants seront d'accord : voilà deux façons d'être qui s'opposent totalement. Être libre, c'est faire ce qu'on veut : manger du chocolat, ne pas se laver, dormir très tard, jouer sous les draps, rester toute la nuit sur une console de jeux sans être dérangé par qui que ce soit, sans que personne ne vienne exiger quelque chose que l'on n'a pas envie de faire.

Au contraire, obéir revient à faire ce que veut quelqu'un d'autre, ce qu'impose une volonté extérieure. Quand j'obéis, je fais ce que veulent les parents, les maîtres, les adultes ou les gendarmes et non ce que je veux, moi. Je règle mes actions sur ce qu'ils veulent, eux, et non sur ce que je souhaite.

Ainsi, quand on obéit, on n'est pas libre. Et, quand on est libre, on n'obéit à personne d'autre qu'à soi-même. Voilà qui paraît bien assuré, très évident, et pratiquement indiscutable. Et pourtant, ce n'est pas si simple. Il faut apprendre à se méfier des évidences. Ou plutôt à les regarder sous plusieurs angles, afin de se rendre compte qu'elles doivent aussi êtres discutées. Une promenade autour des idées d'obéissance et de liberté est une bonne occasion de ne pas se laisser piéger par les premières évidences qui semblent s'imposer.

Dès qu'on creuse une question, on commence à voir les choses sous un angle différent. Pensons, par exemple, au code de la route. Même s'ils ne l'ont pas étudié en détail, les enfants en connaissent tous certaines règles simples. Ils savent qu'au feu rouge les voitures s'arrêtent et les piétons traversent, et qu'au feu vert les voitures passent et les piétons attendent. En ce cas, est-ce que chacun peut faire ce qu'il veut ? Évidemment pas. Si l'on décide de ne pas obéir, si l'automobiliste se croit libre de rouler quand le feu est rouge, ou si le piéton décide d'être libre de traverser quand le feu est vert, ils mettent en danger la vie des autres ou leur propre vie.

En fait, c'est en obéissant tous à la même règle (« au feu rouge, les voitures s'arrêtent, les piétons traversent ») que nous pouvons devenir libres de circuler, libres d'aller et de venir. Respecter le feu rouge ne m'oblige pas à aller à droite ou à gauche. Cette règle ne m'indique pas quel itinéraire je dois prendre. Mais l'obéissance à cette règle me permet de pouvoir exercer ma liberté d'aller où je veux.

On trouvera exactement le même résultat en réfléchissant sur un autre exemple. En France, et dans la plupart des pays, les voitures roulent à droite de la route. Imaginons que quelqu'un dise : « Moi, ce matin, j'en ai assez d'obéir à ce règlement idiot. Je vais tout de suite me mettre à rouler à gauche ! » Celui qui agirait ainsi risquerait de se tuer et de tuer les autres. Sa prétendue liberté le met lui-même en danger et met aussi en péril tous les autres.

On voit de nouveau, avec ce second exemple, que la liberté de celui qui décide de désobéir au code de la route, et donc de rouler à gauche, va empêcher les autres d'être libres. C'est donc bien quand nous obéissons tous à la même règle (« rouler à droite ») que chacun d'entre nous peut être libre de rouler !

Ici, nous voilà dans une situation très particulière. C'est en obéissant tous, de la même manière, à une règle que nous devenons libres de faire ce que nous voulons. En respectant tous le feu rouge, ou en roulant tous à droite, nous évitons de nous tuer, de nous rentrer dedans, de nous gêner, de nous empêcher les uns et les autres de circuler.

Cela est très différent de ce que nous pensions au départ. Il n'y a plus soit « obéir » soit « être libre », comme deux éléments opposés. Cette fois, nous avons des éléments reliés, qui sont la condition l'un de l'autre : c'est en obéissant que nous sommes libres. L'obéissance paraissait supprimer la liberté. Nous découvrons qu'elle la fait exister.

Mais est-ce vrai dans tous les cas ? Certainement pas. Imaginons un dictateur, un roi méchant, un chef d'État cruel. Imaginons qu'on dise : « Si tout le monde lui obéit, alors nous allons tous être libres ! » Ce serait une grave erreur, car nous ne serions pas libres. Au contraire : nous serions tous soumis, tous dominés, tous privés de liberté, tous esclaves du tyran.

La seule règle qui nous offre la possibilité de devenir libres en lui obéissant n'est pas la volonté d'un seul homme, mais une règle collective, choisie en commun. C'est une loi. Cette règle n'est pas la volonté d'une personne : ce n'est pas mon voisin, ni moi, ni ma cousine qui avons décidé d'imposer à tout le monde de respecter le feu rouge ou de rouler à droite.

Si on a décidé d'accepter tous cette règle, c'est justement parce qu'elle est raisonnable, parce qu'elle ne représente pas la volonté d'une personne, mais qu'elle constitue une règle pour tout le monde. C'est une idée simple à comprendre, et facile à garder en tête.

Au passage, on doit aussi remarquer que la définition de la liberté s'est modifiée. Ce n'est pas simplement faire ce qu'on veut, décider seul et selon ses caprices, satisfaire ses envies. C'est aussi avoir la capacité d'agir, le droit de mener ses activités. Quand on parle des libertés (la liberté d'expression, la liberté de circulation, la liberté de culte, par exemple), c'est en ce sens qu'on emploie le mot. Cela signifie qu'on a le droit de donner son avis, de se déplacer d'un pays à un autre, de pratiquer sa religion (ou de n'en pratiquer aucune) sans être poursuivi par la police.

• Quelques références

« Entre le fort et le faible, entre le riche et le pauvre, entre le maître et le serviteur, c'est la liberté qui opprime et la loi qui affranchit »

Lacordaire, *52e Conférence de Notre-Dame*, 1848.

« L'obéissance à la loi qu'on s'est prescrite est liberté »

J.-J. Rousseau, *Du contrat social.*

• Parmi les jeux possibles

Quand tu joues à « Jacques a dit... », pourquoi tu obéis en faisant ce que demande celui ou celle qui joue le rôle de Jacques ?
À quoi penses-tu exactement quand tu désobéis ?
Trouve des situations où c'est bien de désobéir. Comment se distinguent-elles des situations où il est mal de désobéir ?

Les guerres, la paix

Aviez-vous remarqué ? On parle des guerres, au pluriel, et de la paix, au singulier. Ce n'est sans doute pas un hasard, mais il faut se demander ce que contiennent ce pluriel et ce singulier, ces guerres multiples et cette paix unique.

Il est vrai qu'il existe toutes sortes de guerres. Les innombrables guerres du passé : Grecs contre Perses, Athéniens contre Spartiates, Romains contre Gaulois, Chinois contre Mongols, Japonais contre Chinois, cow-boys contre Indiens, Américains et Russes contre nazis…

Pourtant, face à cette multitude de guerres, on dirait qu'il n'existe qu'une seule paix. Les armes de ceux qui se battent sont très différentes : arcs, lances, canons, carabines, sabres en métal ou sabres laser comme dans *Star Wars*, missiles, etc. Mais, à l'opposé, il n'y a qu'une seule façon de *ne pas* se servir de la moindre arme.

À l'histoire multiple, interminable et répétitive des violences, il faudrait donc opposer l'unité sans histoire d'une paix dont les hommes ne cessent de faire le projet, avant de le défaire. Sans doute ne s'agit-il pas de faire peur aux enfants. Notre devoir n'est pas de les inquiéter, mais plutôt de les rassurer. Le monde est déjà assez angoissant, ne leur brossons pas un tableau trop sombre de la réalité…

Malgré tout, en demeurant attentif à ne pas les choquer, il n'y a aucune raison de leur raconter des mensonges. Ni d'écarter les questions qui se posent, et qu'ils se posent, à propos des guerres et de la paix. Et la première de ces interrogations, c'est presque toujours : « Pourquoi les hommes se font la guerre ? » Au lieu de vivre ensemble comme ils peuvent, pourquoi en viennent-ils à se tuer, à se terroriser, à se massacrer ?

Les enfants posent très souvent cette question, parce que la violence les terrifie et qu'ils ne savent pas se représenter son origine. Dans le fond, nous sommes à peu près dans le même cas. Mais nous pouvons essayer de les aider à comprendre, ce qui nous aidera par la même occasion. Et si nous ne découvrons pas LA réponse, nous aurons au moins quelques pistes pour réfléchir.

Une première possibilité, c'est qu'il existe des hommes méchants, c'est-à-dire des individus profondément différents des autres, qui trouveraient leur plaisir dans le meurtre, leur bonheur dans les massacres et leur contentement dans la guerre. Ce seraient eux les responsables, les inventeurs des guerres, ceux qui fabriquent de tels événements et les provoquent à répétition, de siècle en siècle, à travers l'histoire. Ce n'est pas impossible, mais c'est sans doute trop simple. Car il faudrait alors séparer l'humanité en deux groupes, les gentils et les méchants, comme dans ces films que les enfants comprennent tout de suite…

Or ce n'est pas vraiment ainsi dans la réalité. Nous savons tous que même les plus méchants sont parfois « un peu gentils » au fond de leur cœur, et que les gentils sont de leur côté parfois « un peu méchants ». Il faudrait alors imaginer les guerres comme des situations où des gens normaux, plutôt gentils, finissent par devenir méchants — par peur, par manque de courage, par fatigue ou par bêtise.

Ces deux réponses possibles — l'existence des méchants, ou les situations qui rendent tout le monde méchant — conduisent à des réponses différentes concernant l'idée d'une paix définitive. Car les enfants ne cessent aussi de demander si, un jour, il n'y aura plus aucune guerre d'aucune sorte entre les hommes.

Si les guerres viennent des méchants, il suffirait de les empêcher d'agir, de les neutraliser. Si elles proviennent de circonstances qui font devenir tout le monde méchant, il faut chercher quelles sont les situations de ce genre, et quels sont les moyens que nous pouvons avoir de les empêcher. Mais, dans le fond, il faut bien reconnaître que nous n'avons pas, dans ce domaine, de certitude. Il y a d'un côté ce que nous espérons (la fin des guerres, la paix partout pour tous) et de l'autre côté ce que nous savons, et les deux ne se trouvent pas sur le même plan.

Oui, évidemment, nous espérons qu'il n'y ait plus jamais de guerres. Non, nous ne savons pas si cela est réellement possible ni si cela aura lieu. La paix est comme un rêve permanent de l'humanité, un désir qui traverse l'esprit mais qui ne se réalise pas de manière durable.

L'important, sur ces questions, encore une fois, est de ne pas angoisser les enfants, sans pour autant leur mentir. Il est sans doute bien pire de leur faire croire que tout va bien, que la paix règne partout et sera toujours là, que de leur expliquer, de manière mesurée, qu'il y a toujours de la violence dans le monde et que notre travail, interminable, est de la diminuer autant que nous le pouvons, sans savoir si nous sommes capables de la faire disparaître entièrement.

Ainsi, il ne faut pas hésiter à se demander quel est l'état normal de la vie humaine. Serait-ce la guerre ? Elle se trouverait interrompue par des moments de paix — à l'inverse de ce qu'on s'imagine d'habitude, quand on croit que la paix est l'état habituel et que les guerres viennent la perturber et la détruire. Sans doute faut-il espérer que l'état normal soit la paix, malgré les nombreuses interruptions des guerres, mais nous n'en sommes pas absolument certains.

Les enfants pensent généralement que toute guerre est mal. Évidemment, ils ont raison, en un sens, puisque toute guerre est douloureuse, meurtrière, horrible. Mais il n'est peut-être pas suffisant d'en rester là, et de se contenter d'une sorte de condamnation globale de toutes les guerres.

Car les enfants peuvent aussi comprendre, même si la guerre est la pire des horreurs, que pour celui qui est attaqué, sans avoir soi-même fait quoi que ce soit, il est indispensable de se défendre. Ils peuvent également comprendre comment, si un pays décide de faire la guerre à ceux qui veulent le détruire, il peut éviter ainsi sa destruction.

La dernière question est de savoir par quels chemins reconstruire la paix quand il y a eu une guerre. Comment pardonner le mal qui a eu lieu ? Comment retisser l'espérance, l'amitié, la solidarité quand les combats les ont déchirées ? Les hommes et les femmes du XXe siècle se sont souvent retrouvés face à ces problèmes. Et encore aujourd'hui, dans bon nombre de pays qui ont été brisés par des guerres, il faut trouver les moyens de vivre ensemble, de nouveau, en paix.

Il faut peu de temps pour détruire. Il en faut beaucoup pour construire. On peut déclencher une guerre très vite, faire des morts et des destructions massives en quelques minutes ou quelques heures. Il faut de longues années pour construire une paix et voir grandir des êtres humains. C'est la seule chose à ne jamais oublier.

• Quelques références

« En temps de paix, les fils ensevelissent les pères, en temps de guerre, les pères ensevelissent les fils »

Hérodote, *Enquête*.

« La guerre est la continuation de la politique par d'autres moyens [...] En aucun cas la guerre n'est un but par elle-même. On ne se bat jamais, paradoxalement, que pour engendrer la paix, une certaine forme de paix »

Clausewitz, *De la guerre.*

• Parmi les jeux possibles

Plutôt que de jouer à la guerre, si on jouait à la paix, comment ce serait ? Au lieu de faire le guerrier, comment ferait-on le... quoi ? L'homme de paix ? Que fait-il ? Dans quelles situations ?

Quand tu fais la paix avec ceux de ta classe, qu'est-ce que ça veut dire ? Que s'est-il passé avant ? Qu'est-ce qu'il y a de nouveau à ce moment-là ?

- 4 -

Différents et semblables

Animaux et homme

Dès leur premier mot, les enfants s'intéressent aux animaux. Ils en apprennent les noms, savent en reconnaître les silhouettes, en imiter les cris. Parmi leurs tout premiers jeux : les figurines du lion, du dauphin ou de l'ours, les dessins sonorisés où la vache meugle, le cheval hennit, le mouton bêle… Et chacun a pu le constater : que ce soit à la campagne ou au zoo, les enfants sont régulièrement attirés par ces formes de vie à la fois si proches et si loin des nôtres.

Sur quoi axer la réflexion ? D'abord sur l'idée même d'animal, sur les contours de cette notion. On oublie trop souvent qu'elle n'est pas si évidente qu'elle en a l'air et comprend, en fait, de multiples facettes.

Demandez donc à votre enfant à quoi il pense quand il entend parler des animaux. Sans doute va-t-il nommer le chat, le chien, la chèvre et le canard, passer ensuite à des animaux sauvages — le lion, l'hippopotame, la girafe… —, à moins que ce ne soit eux qui viennent en premier. Mais il ne pensera pas tout de suite qu'un moustique est un animal, de même qu'un ver, une limace, une huître, un coquillage.

Les oiseaux, les poissons, les microbes ne sont pas spontanément mentionnés. Pourtant, ce sont des animaux, évidemment. On n'oubliera donc jamais qu'il y a parmi « les animaux » des espèces qui vivent dans les profondeurs de l'océan, d'autres qui volent, certaines qui sont si minuscules qu'on ne les voit pas, d'autres qui se révèlent si redoutables qu'il vaut mieux immédiatement les fuir... Bref, la conversation et le jeu du dialogue doivent permettre de diversifier et de complexifier cette idée de « l'animal ».

Quel animal ? La mouche ou la baleine ? La vache ou le vers de terre ? La limace ou le colibri ? L'escargot ou le requin ? Il faut savoir, car l'animal « en général » devient source de confusions et de malentendus. En effet, bon nombre d'ambiguïtés se dessinent dès qu'on parle, sans autre précision, de « l'animal ».

Par exemple, dans la Déclaration universelle des droits de l'animal, proclamée à Paris en 1978, un des droits s'énonce ainsi : « L'animal mort doit être traité avec décence » (article 3,3). L'intention générale est claire : si on respecte la vie, on doit respecter le cadavre : pas question de traiter un organisme comme une ordure. Il arrive que les enfants enterrent dans le jardin de la maison le poisson rouge, ou le canari, décédé. Qu'il n'aille pas à la poubelle ! Bonne règle, donc.

Du moins en apparence. Doit-on en effet l'appliquer aussi aux fourmis, aux mites, aux cafards, aux acariens — et si oui, comment ? Que faire si « l'animal mort » est une larve, un scorpion, un ténia ? Que faire de la boîte de sardines, où les corps sont rangés tête-bêche, sans têtes, dans l'huile ? Pour sortir de ces difficultés, il n'y a que deux solutions. La première est radicale : refuser toute distinction entre les espèces, et donc respecter tout vivant, quel qu'il soit, de manière absolue. On s'interdira alors totalement de tuer un moucheron, autant que d'occire une vache ou d'assassiner un homme. C'est cohérent, mais contraignant. Ainsi vivent les adeptes du jaïnisme, qui sont quatre millions, en Inde, aujourd'hui.

Les adeptes de cette religion, fondée par Mahavira, un contemporain du Bouddha, ne mangent que des plantes — mais aucune racine, car leur arrachage saccage vers et insectes. La nuit, ils n'allument ni lampes ni bougies, car la flamme attire et tue des papillons. Ils ne boivent que de l'eau filtrée, pour ne pas avaler un insecte. C'est toujours pour respecter la plus infime forme de vie que les plus pieux des jaïns balaient en permanence le sol devant eux, en marchant, et portent sur le visage un masque de coton, car en respirant ils risquent de mettre à mort un moucheron…

Si l'on ne devient pas un jaïn, l'autre attitude doit être de distinguer le plus clairement possible entre les espèces. Cessons de confondre le cheval et l'alouette. Le chat, l'anchois et la tique n'ont pas les mêmes comportements — ni les mêmes rapports à leur environnement. Nous n'avons pas nécessairement envers eux les mêmes devoirs. Et peut-être n'ont-ils pas tous les mêmes droits.

Une fois admis quelques grands principes — préservation de la biodiversité, interdiction des mauvais traitements… —, il semble nécessaire de différencier « les » animaux. Car le monde de la chauve-souris est sans grand rapport avec celui du mille-pattes, qui n'a rien à voir avec celui de l'aigle, qui lui-même n'entretient avec la loutre, le cochon et la puce que des rapports hypothétiques.

Le résultat est clair : il faut réfléchir aux droits des animaux, en commençant par ceux qui sont communs à toutes les espèces. Mais il faut aussi prêter attention aux spécificités, élaborer des droits distincts par familles d'espèces, en fonction de leurs traits spécifiques. Cela éviterait bien des débats confus.

La principale confusion provient d'une fausse symétrie. Droits de l'homme, dit-on, donc droits de l'animal. Il y a là un parallélisme illusoire. L'homme ne forme, effectivement, qu'une seule espèce. C'est vrai d'un point de vue biologique : toutes les ethnies humaines sont interfécondes. C'est vrai d'un point de vue culturel : tous les peuples possèdent la même capacité de créer une culture.

À l'opposé, l'animal n'est pas un. Il est divisé en espèces dissemblables, qui n'ont ni la même organisation biologique, ni les mêmes activités ni les mêmes besoins. Bref,

« l'animal en général » n'existe pas. Seuls existent des animaux. Et il incombe à l'homme de s'interroger sur les droits et les devoirs selon les espèces.

Si les animaux partagent avec nous le fait de vivre, de se reproduire, de se déplacer, d'être sensibles à la douleur, le fait aussi de mourir, ils vivent pourtant dans des univers qui sont très différents des nôtres. Qu'est-ce que nous avons de commun avec un poisson ? Qu'est-ce qui est pareil chez nous et chez la sardine ? Qu'est-ce que nous avons de commun avec la mouche ? Est-ce que nous pouvons même imaginer ce qu'est l'univers d'une mouche ? Qu'est-ce que ça fait d'être un pigeon ou une poule ?

Par l'imagination, nous sommes tout à fait proches de ces formes de vie. Pourtant nous en sommes loin parce qu'elles sont organisées d'une autre manière que la nôtre.

Il existe évidement une forme très générale d'égalité : le droit de tous à la vie. Pourtant, face à un tigre qui va le détruire, face à un ours qui risque de le tuer, un homme a droit d'abord à sa propre vie. Il peut agir en état de légitime défense — ce n'est pas du tout la même chose que de tuer un animal par jeu, cruellement.

Mais, à côté de cette égalité de droit à la vie, il existe de très grandes différences entre les animaux et les humains. Imaginons comment vivaient des girafes au temps d'Astérix et Obélix. De la même manière qu'aujourd'hui ! Elles mangeaient des feuilles dans les arbres, couraient dans la savane et menaient une vie de girafe. Cette vie de girafe est dictée par l'instinct.

Cela veut dire que les animaux ne vont pas à l'école, n'apprennent pas à lire ou à écrire, n'apprennent pas à parler. On ne leur enseigne pas tout ce qu'ils ont à savoir. Comment marcher, courir, se protéger, manger : ils le savent directement, de l'intérieur de leur tête, dans leur corps et dans leur cœur, sans avoir à le recevoir du dehors.

C'est pourquoi leur comportement est toujours le même, toujours identique. Les animaux peuvent s'adapter un peu, mais dans une marge étroite. On ne peut pas faire manger des céréales à un tigre qui mange de la viande, ni de la viande à un oiseau qui mange des graines. Les hommes au contraire mangent de tout et surtout ils inventent leurs manières de vivre, fabriquent leurs sociétés, construisent leur éducation. Ils créent leur système de culture, avec des aliments, des vêtements, des maisons, des manières de vivre absolument différents les uns des autres.

En plus, les humains se fabriquent des objets. Les animaux ne se construisent pas de maison, n'ont pas de cuisine pour faire des recettes. Et puis, et tout cela évidemment va ensemble, les êtres humains ont des langues multiples, différentes, qui leur permettent d'exprimer leurs sentiments, de transmettre leurs idées et leurs connaissances, d'apprendre ce que les autres ont découvert et aussi de se raconter des histoires.

Bien sûr, certains animaux peuvent communiquer entre eux, pour signaler un danger, ou de la nourriture. Mais, sauf dans les dessins animés, dans les contes ou dans les légendes, les animaux ne parlent pas, ils n'ont pas de littérature, ils ne font pas de film. On peut toujours imaginer qu'ils le font en secret, sans que nous n'en sachions rien, dans des lieux déserts ou quand nous regardons ailleurs… Mais c'est évidemment un rêve.

• Quelques références

« Je parle de la pitié, disposition convenable à des êtres aussi faibles et sujets à autant de maux que nous le sommes ; vertu d'autant plus universelle et d'autant plus utile à l'homme, qu'elle précède en lui l'usage de toute réflexion, et si naturelle, que les bêtes mêmes en donnent quelquefois des signes sensibles. Sans parler de la tendresse des mères pour leurs petits, et des périls qu'elles bravent pour les en garantir, on observe tous les jours la répugnance qu'ont les chevaux à fouler aux pieds un corps vivant »

J.-J. Rousseau, *Discours sur l'origine et les fondements de l'inégalité parmi les hommes*, première partie.

« L'Homme serait d'âge en âge un prématuré. C'est sans doute cela l'événement qui a eu lieu : la transmission d'une immaturité biologique, réclamant une maturité sociale, une relative non-programmation, une ouverture inouïe des possibles »

É. de Fontenay.

• Parmi les jeux possibles

Un microbe, c'est un animal ? Et une méduse ? Et une algue ?
La naissance, l'alimentation, la reproduction, la mort concernent tous les êtres humains et tous les animaux. Trouve des exemples de tout ce que les humains ont inventé, dans les civilisations, autour de ces quatre activités communes.

Nature et sociétés

Tous les enfants aiment la nature. Quand ils entendent ce mot, ils savent de quoi il s'agit. Du moins ils le croient. Pourtant, le savent-ils vraiment ? Ce n'est pas parce qu'un terme est employé et compris couramment qu'on sait vraiment ce qu'il désigne. On l'a déjà aperçu plusieurs fois au cours de ce livre. « Les philosophes disent en y pensant ce que tout le monde dit sans y penser » : cette formule peut s'appliquer ici aussi. Tout le monde, adultes et enfants, parle de la nature sans y penser. Essayons, en philosophe, d'interroger cette idée.

De quoi parlons-nous exactement quand nous utilisons ce mot de « nature » ? Inutile, cette fois encore, de nous précipiter sur un dictionnaire : il nous dira comment on se sert du mot, nous rappellera, par exemple, que l'on peut dire « c'est la nature des choses » ou que l'expression « c'est dans sa nature » parle du caractère de quelqu'un. Mais le dictionnaire ne nous dira pas quelle idée nous avons en tête quand nous parlons de la nature. Pour le savoir, il n'y a pas à regarder dans un livre mais à se servir de sa propre tête.

La nature, donc ? Première idée, fort simple : on appelle « nature » la campagne, la montagne ou la mer — par opposition aux villes, aux immeubles, aux routes et aux rues. Dans ce cas, la nature sera faite de l'herbe, des arbres, des prairies, des montagnes, des collines, des sommets, de la neige, des glaciers, de l'océan, des vagues, des plages...

Mais, si l'on y réfléchit un peu plus, on s'apercevra qu'il ne s'agit, pour l'instant, que de la terre et des paysages que nous connaissons. Pourtant, la nature, c'est aussi le ciel, les étoiles, les galaxies. En fait, ce n'est pas seulement la chlorophylle terrestre, c'est tout l'univers tel qu'il existe, sans avoir été créé par les être humains.

Finalement, on pourrait dire que le mot « nature » désigne tout ce que nous n'avons pas produit mais que nous rencontrons comme matière première de nos actions. Nature : le bois, et d'abord les arbres — que nous allons cultiver, découper en planches, raboter, transformer en tables, en meubles, en sièges à notre usage.

L'homme transforme la nature. Depuis le début de son existence, il est toujours en train d'emprunter au milieu naturel des éléments qu'il combine et métamorphose — en les découpant, les cuisant, les assemblant les uns les autres. Depuis la préhistoire, l'homme a fabriqué des outils, des cabanes, des vêtements. Aujourd'hui d'immenses usines transforment des matériaux pour fabriquer tout ce dont nous avons besoin.

Il n'y a qu'une nature, même si elle est très diverse, même si elle possède des aspects extrêmement différents — des glaciers jusqu'aux déserts, des lacs de sel jusqu'aux océans, des grandes plaines jusqu'aux plus hautes montagnes. Tout cela ne forme qu'une seule et immense nature. À l'opposé, les sociétés humaines sont très nombreuses. Beaucoup de sociétés anciennes ont disparu. Bien des manières de vivre, de s'habiller, de parler, de penser appartiennent au passé. Toutefois, malgré ces disparitions, il existe énormément de langues, de manières de vivre et d'habiter qui distinguent, encore aujourd'hui, les sociétés humaines les unes des autres.

Mais ce n'est pas seulement le nombre (une nature, des sociétés) qu'il faut prendre en compte. C'est aussi l'opposition fixe — mobile, ou bien « toujours semblable » opposé à « toujours différent ». La nature, dans son principe, est toujours la même. Les marées, les éclipses, les étoiles suivent toujours les mêmes cycles. Au contraire, les manières de vivre des êtres humains ne sont jamais les mêmes. Parce que les êtres humains inventent, évoluent, découvrent de nouvelles techniques.

Ces découvertes leur permettent de se protéger de la nature, quand elle est menaçante, ou au contraire de la protéger, quand elle est menacée. Car il ne faut pas oublier que la nature n'est pas toujours bonne, généreuse, douce avec les êtres humains. Il lui arrive d'être destructrice : ouragans, tempêtes, inondations, tremblements de terre... Inversement, la nature n'est pas toujours dangereuse, redoutable ou mortelle. Il lui arrive au contraire d'être fragile, c'est alors aux humains de tenter de la protéger.

Voilà le grand changement de notre époque. On a progressivement abandonné l'idée que la nature était à la fois terrible et infiniment généreuse. Autrefois, comme elle était jugée terrible, les hommes devaient s'en protéger. Mais comme elle était aussi jugée inépuisable, on pouvait compter sur elle sans fin pour l'eau, l'oxygène, l'énergie, les matières premières.

Au contraire, nous considérons aujourd'hui que la nature est limitée dans ses ressources. Nous savons qu'il n'y a pas de pétrole ni d'énergie en quantité infinie, pas plus que d'eau ni d'air en quantité illimitée. Nous devons donc modifier nos comportements si nous voulons économiser les ressources de la terre. Nous avons aussi découvert combien la nature, qui reste souvent menaçante, se trouve aujourd'hui également mise en danger par nos propres activités.

Nous sommes donc passés d'une attitude où l'homme se protégeait de la nature à une attitude où l'homme protège la nature, et devient responsable du maintien de ses équilibres, de la survie de ses systèmes. De cette dernière phase, les enfants sont encore plus vivement conscients que leurs parents. Le plus souvent, ils sont de fervents écologistes, auxquels il y a peu de choses à apprendre.

Peut-être faut-il leur éviter de verser dans l'excès. À force de vouloir, à juste titre, protéger la nature de nos méfaits, ils risquent de tomber dans cet autre extrême : un culte de la nature qui fait croire, à tort, qu'elle est toujours bonne, que tout y est parfaitement agencé, excellemment organisé et tellement respectable que nous devrions absolument tout laisser en place et ne rien toucher.

Si cela était vrai, nous n'aurions jamais inventé les traitements médicaux, la chirurgie ni le téléphone. En fait, les êtres humains ont continûment travaillé à transformer la nature et ils ont obtenu de grands succès, en particulier grâce aux sciences et aux techniques. À présent, nous savons que nos activités ont aussi leurs limites. C'est pourquoi nous devons être raisonnables dans nos manières d'agir si nous voulons que l'humanité survive, mais cela ne signifie pas que nous devons renoncer à notre capacité d'invention.

• Quelques références

« Posons donc que tout ce qui est universel, chez l'homme, relève de l'ordre de la **nature** et se caractérise par la spontanéité, que tout ce qui est astreint à une norme appartient à la **culture** et présente les attributs du relatif et du particulier. Nous nous trouvons alors confrontés avec un fait, ou plutôt un ensemble de faits, qui n'est pas loin, à la lumière des définitions précédentes d'apparaître comme un scandale : nous voulons dire cet ensemble complexe de croyances, de coutumes, de stipulations et d'institutions que l'on désigne sommairement sous le nom de prohibition de l'inceste. Car la prohibition de l'inceste présente, sans la moindre équivoque, et indissolublement réunis, les deux caractères où nous avons reconnu les attributs contradictoires de deux ordres exclusifs : elle constitue une règle, mais une règle qui, seule entre toutes les règles sociales, possède en même temps un caractère d'universalité »

C. Lévi-Strauss, *Les Structures élémentaires de la parenté (1947).*

« Il n'est pour le moins plus dépourvu de sens de se demander si l'état de la nature extra-humaine, la biosphère dans son ensemble… qui se trouve maintenant soumise à notre pouvoir, n'est pas justement devenu par là un bien confié à l'humain et n'a pas en quelque sorte une exigence morale à notre égard — non seulement pour l'amour de nous, mais pour l'amour de lui-même et de son droit propre »

H. Jonas, *Le Principe responsabilité.*

• Parmi les jeux possibles

Quand tu manges quelque chose, trouve ce qui revient à la nature et ce qui appartient à la société. Par exemple : tu n'as jamais appris à digérer, ton corps s'en occupe tout seul, mais tu as appris à manger à certaines heures, dans un certain ordre, etc.

Que serait la mode chez les lapins, les fourmis, les dauphins, etc. ? Pourquoi c'est drôle ?

Jouer et travailler

Cette fois encore, au premier regard, tout oppose ces deux sortes d'activités : le jeu, pour les enfants ; le travail, pour les adultes. Dans la plupart des cas… Mais surtout, quand il s'agit de jouer, on s'amuse. Au contraire, quand on travaille, on est sérieux. Quand on joue, on est libre. Quand on travaille, on subit des contraintes, on obéit.

Est-ce si simple ? Doit-on se contenter de cette opposition ? Avant de pouvoir répondre, il nous faut savoir avec plus d'exactitude ce que nous appelons « jouer ». Cela semble évident ? À présent, vous l'avez bien compris : c'est justement quand les choses semblent évidentes, sans question, que les philosophes aiment aller voir de près.

En apparence, nous savons tous fort bien ce qu'est « jouer ». En bois, en plastique, en métal, en résine, planétaires ou de poche, de réflexion, d'adresse, de hasard… les jeux sont partout. Peut-être même, dans l'histoire de l'humanité, n'a-t-on jamais joué autant qu'aujourd'hui. Les causes de cette invasion des jeux sont à la fois multiples : accroissement du temps libre, perfectionnement des machines, appât du gain, esquive des contraintes quotidiennes.

On joue, en tout cas, dans les cafés comme dans les jardins publics, dans les casinos comme sur les ordinateurs, dans les cours de récréation comme dans les clubs de vacances. Sur des plateaux, des damiers, des tables, des pelouses, des écrans. L'œil rieur ou la main moite, enfant ou vieillard, fruste ou subtil, chacun s'adonne à quelque jeu.

Est-ce toutefois une seule et même activité qui rassemble tous ces gestes ? Quoi de commun entre joueurs d'échecs et rugbymen, amateurs de flipper et passionnés du go, fous de vidéo et habitués du tiercé ? N'y a-t-il pas tant de manières de « jouer », et tant de significations possibles du terme, que parler du « jeu en général » n'est finalement qu'un mirage ?

Les jeux sont d'abord des inventions des êtres humains, des manifestations de leur intelligence et de leur inventivité. « Les hommes ne sont jamais plus ingénieux que dans l'invention des jeux », disait à juste titre le philosophe Leibniz. En inventant des jeux, on pourrait dire que nous inventons des mondes. En commençant une nouvelle partie, quelle qu'elle soit, on entre dans un monde à part. Comment s'édifie ce monde ?

Un jeu est constitué par ses règles, et par rien d'autre. C'est à ses règles, et à elles seules, qu'un jeu doit son existence et ses particularités. Il n'existe pas avant elles, ni indépendamment de leur application stricte : pas de

Scrabble en dehors des règles du Scrabble. Et si vous modifiez un seul point du règlement, vous obtenez... un autre jeu (à condition, évidemment, que la modification proposée soit cohérente avec la structure existante).

Comme l'a souligné Wittgenstein, celui qui penserait changer quelque chose aux échecs en mettant simplement un chapeau sur la tête de la reine, ou en se procurant une reine avec « des yeux tout à fait terrifiants » supposés capables de chasser de l'échiquier tout ce qui s'y trouve... passerait totalement à côté d'une vraie modification. Les pièces du jeu d'échecs ne « représentent » rien. Leur apparence n'a finalement aucune importance. Seules comptent les règles qui délimitent leurs déplacements.

Il en va de même, évidemment, pour le rugby, le bridge ou le ping-pong... Si différents qu'ils soient, tous les jeux ont en commun de n'exister que par une « légalité » qui les délimite et leur permet de fonctionner.

Si on fait un pas de plus, on s'aperçoit que la liberté même du joueur est produite par les règles du jeu. Décider, dans une partie de Scrabble, d'aligner telle combinaison plutôt que telle autre, se résoudre, aux échecs, à prendre tel ou tel risque, lifter un revers, au ping-pong, ce ne sont pas des caprices où j'agirais selon ce qui me passe par la tête.

Ce sont des libertés, c'est-à-dire des possibilités d'agir, qui existent uniquement en raison des règles du jeu et à l'intérieur de leurs limites. La liberté du joueur de Scrabble (ou d'échecs, ou de ping-pong, ou de go, ou de trictrac...) n'est pas indépendante de la partie, elle n'est pas extérieure à l'ensemble, clairement défini, des règles spécifiques de ce jeu.

La liberté du joueur est en quelque sorte « inventée » par le jeu lui-même. L'essentiel d'un jeu est de constituer une légalité productrice de liberté. Pour chaque jeu, les règles définissent un monde au sein duquel, en fonction de ces règles mêmes, les joueurs vont pouvoir développer librement leurs stratégies et leurs actions.

Jouer rend « libre », mais en un sens que nous avons déjà aperçu à propos de l'obéissance à une règle commune : il ne s'agit pas d'échapper aux normes, d'esquiver les contraintes. Il s'agit au contraire de se plier à un ensemble de normes, globalement arbitraire mais cohérent, auquel chacun des autres joueurs du même jeu se soumet également (sans quoi, à l'évidence, il ne jouerait pas à ce « jeu » !).

Du coup, il se pourrait bien qu'entre le jeu et le travail la différence soit beaucoup moins grande que nous ne l'avons cru en commençant. Dans le travail aussi, on rencontre la construction d'un monde particulier, régi par des règles que tout le monde partage. D'autres éléments rapprochent jeu et travail. Par exemple : il existe, dans bien des formes de travail, des gagnants et des perdants, des concours, des compétitions, de la concurrence.

On trouve d'autre part dans le travail une part de plaisir qu'il ne faut pas négliger : il y a des choses que l'on aime faire, qui donne des joies, procurent des satisfactions et qui, sur ce plan, ressemblent au jeu. Entre jouer et travailler, tout n'est donc pas totalement différent et absolument opposé.

D'ailleurs, les enfants aiment bien « jouer au bricoleur » ou « jouer à la marchande » et donc imiter, dans certains de leurs jeux, le travail et les activités « sérieuses » des adultes. En outre, il y a des gens dont le travail même est un jeu. Joueur de foot, par exemple. Les clowns, les acteurs, les chanteurs sont eux aussi des gens dont le métier ressemble beaucoup à un jeu.

Somme toute, à la place des domaines opposés que nous avions au départ, nous avons maintenant des sphères ouvertes, avec des différences mais aussi des structures parfois parallèles, des intersections, des espaces qui se recoupent en partie. C'est souvent ainsi, dès qu'on commence à réfléchir. C'est ce type de modifications que nous devons explorer, et partager avec les enfants.

• Quelques références

« Le jeu devrait être considéré comme l'activité la plus sérieuse des enfants »

Montaigne.

« On ne s'imagine Platon et Aristote qu'avec de grandes robes de pédants. C'étaient des gens honnêtes et comme les autres, riant avec leurs amis. Et quand ils se sont divertis à faire leur loi et leurs politiques, ils l'ont fait en se jouant. C'était la partie la moins philosophe et la moins sérieuse de leur vie ; la plus philosophe était de vivre simplement et tranquillement. S'ils ont écrit de politique, c'était comme pour régler un hôpital de fous. Et s'ils ont fait semblant d'en parler comme d'une grande chose, c'est qu'ils savaient que les fous à qui ils parlaient pensent être rois et empereurs. Ils entrent dans leurs principes pour modérer leur folie au moins mal qu'il se peut »

Pascal, *Pensées.*

• Parmi les jeux possibles

Jeu ou travail : faire du théâtre ? du tennis ? du cinéma ? du football ? des chansons ? écrire des histoires ? etc.
Quel travail serait-il le plus difficile de transformer en jeu ?
Quel jeu serait-il le plus difficile de transformer en travail ?

Rire et pleurer

Voilà deux comportements que les enfants vivent constamment et comprennent tout de suite. Ils occupent dans leur vie une place bien plus grande que dans celle des adultes.

Les petits savent tous ce que pleurer veut dire. Même s'ils n'ont pas toujours les mots pour le dire, ils connaissent ce qu'on éprouve à ce moment-là : désespoir, détresse, colère, abandon…

Tous savent aussi, par expérience, ce que rire signifie : joie, oubli des peines, euphorie, cris et éclats de voix, mouvements qui nous secouent, sans qu'on puisse vraiment résister, dès que quelque chose nous paraît soudainement drôle.

Ce que les enfants connaissent aussi très bien, ce sont les phases d'alternance ou de transition : passer du rire aux larmes, des larmes au rire, avec ces moments où les deux se ressemblent un peu. On se demande parfois, quand on entend quelqu'un pleurer, s'il ne serait pas en train de rire. Au contraire, lorsqu'on entend quelqu'un rire, il arrive qu'on se demande s'il ne serait pas en train de pleurer.

Il y a sans doute quelque chose de commun, une sorte de parenté, entre ces deux activités. Mais quoi au juste ? Ce n'est pas commode à cerner. Certes, ces deux réactions sont l'une comme l'autre profondément humaines. Sauf cas extrêmes, les animaux ne rient pas. L'exception est fournie par les comportements de certains grands singes qui sont très proches du rire.

Mais avez-vous déjà vu un chien rire ? Il peut évidemment s'amuser, et même hurler de joie. Il ne paraît pas pouvoir rire véritablement. Et les poissons ? Et les oiseaux ? Les vaches non plus ne rient pas, sauf chez les fromagers !

Mais les animaux ne pleurent pas non plus véritablement. La vache hurle longtemps quand on lui a ôté son veau, le chien pousse des cris et des gémissements qui rappellent ceux des êtres humains, mais ces animaux sont des exceptions. La grande règle demeure que l'immense majorité des animaux ignore ce que pleurer veut dire.

De même que Rabelais disait que « rire est le propre de l'homme », on pourrait dire que « pleurer est le propre de l'homme ». Ces émotions semblent intimement liées à la communication entre les êtres humains, au lien social entre les individus. Certes, nous rions parfois seuls, mais c'est rare. Nous rions d'abord avec les autres — pour leur signaler que quelque chose nous amuse, pour communiquer cet amusement à nos semblables. Il en va de même avec les pleurs et les cris : ce sont des informations, des appels, des demandes.

Ces émotions s'adressent aux autres. Au lieu de les croire purement privées, personnelles et intimes — ce qu'elles sont évidemment, mais pas uniquement — il faut les percevoir comme des liens entre humains, des façons de se parler, de s'appeler, de s'interpeller.

• Quelques références

« Un paysage pourra être beau, gracieux, sublime, insignifiant ou laid ; il ne sera jamais risible. On rira d'un animal, mais parce qu'on aura surpris chez lui une attitude d'homme, ou une expression humaine »

H. Bergson, *Le Rire.*

« Probablement, notre rire humain est lui aussi, dans sa forme primitive, un cérémonial d'apaisement ou de salut »

E. Kant, *Critique de la faculté de juger.*

• Parmi les jeux possibles

Fais une liste de choses qui font pleurer. Imagine ensuite ce qu'il faut ajouter, ou enlever, pour que ces mêmes choses fassent rire.
S'il était interdit de rire, que ferait-on ?
Et s'il était interdit de pleurer ?

- 5 -

Sans oublier...

Dieu

Il faut parler de Dieu avec les enfants. Cette phrase n'indique pas une obligation générale, un impératif universel et abstrait. Elle veut dire qu'il n'est pas question de se dérober quand eux parlent de Dieu. Car ils n'arrêtent pas, prennent les devants, interrogent à tout bout de champ, sans se soucier de nos gênes réelles ou prétendues.

Car les enfants parlent de Dieu quand ça leur chante, sans précaution ni avertissement. Les demandes les plus vertigineuses arrivent sur le tapis sans prévenir. Et c'est alors qu'il nous faut parler, répondre ou avouer notre ignorance — que nous soyons croyants ou non, que nous pratiquions une religion ou pas, que nous soyons favorables ou non à une éducation religieuse…

S'il faut parler de Dieu avec les enfants, c'est aussi, et peut-être avant tout, pour parvenir à leur expliquer qu'on ne peut pas en dire grand-chose ! Voilà qui peut paraître surprenant. La question n'est-elle pas inépuisable, essentielle, susceptible de développements sans fin ? L'intensité des conflits et des querelles qu'elle suscite n'est-elle pas à la mesure de ses enjeux ? La ferveur de la foi de tant d'êtres humains, hier et aujourd'hui, n'est-elle pas source de commentaires à n'en plus finir ? Soutenir qu'on ne peut pas dire grand-chose de Dieu, n'est-ce pas pour le moins paradoxal ?

Précisons. Bien sûr, on doit tenter d'expliquer aux enfants — de la façon la plus simple, la plus précise, la plus complète possible —, ce que croient les uns et les autres, les points qui rapprochent les différentes croyances et ceux qui les éloignent[1]. Évidemment, on doit insister, toujours et encore, sur la nécessité de la tolérance des uns envers les autres.

On doit en particulier rappeler combien l'intolérance, le fanatisme, la conviction de la supériorité de ce qu'on croit, de l'infériorité de ce que croient les autres sont des préjugés encore répandus partout. Car il n'existe pas de croyances fanatiques par nature, d'autres tolérantes par nature. On rencontre partout des gens fanatiques et intolérants, et partout des gens tolérants et désireux de respecter les autres.

Mais s'agit-il véritablement, en ce cas, de parler de Dieu ? Expliquer les religions relève de l'histoire des idées. Entamer une interrogation philosophique sur l'idée de

1. C'est ce que j'ai tenté de faire, dans le petit livre intitulé *Les Religions expliquées à ma fille* (Seuil, 2000) traduit à présent dans une quinzaine de langues.

Dieu est un exercice différent. Et là, effectivement, revient ce constat qu'il n'y a, en fait, que fort peu à dire, même si les philosophes ont écrit sur le concept de Dieu des bibliothèques entières.

Si l'on y prend garde, on constatera que ceux qui croient comme ceux qui ne croient pas, ceux qui pratiquent telle ou telle religion comme ceux qui n'en pratiquent aucune s'accordent en fait, en dépit de toutes leurs différences, sur ce point : de Dieu, on ne saurait vraiment dire quelque chose.

Car tous reconnaissent l'insuffisance de nos mots, de nos idées, de nos manières de parler, de nos explications. Bien sûr, on remarquera que le point commun, dans les croyances qui se réfèrent à un dieu unique, est l'idée d'un être qui serait un pur esprit, qui aurait créé le monde, qui connaîtrait la totalité des choses, qui verrait tout et dont l'intelligence serait infinie, dont le pouvoir serait infini et la volonté parfaite.

Ce qui est central, dans cette idée, c'est justement le caractère infini. Ce qui caractérise Dieu le plus exactement, dans la représentation que l'on peut en forger d'un point de vue philosophique, c'est l'infini — ce qui est « toujours plus grand que ce qu'on pense ». La définition mathématique la plus simple de l'infini, c'est « plus un » : quel que soit le nombre que je vais choisir, aussi grand que je puisse l'imaginer, je pourrai toujours y ajouter

« un ». Telle est la définition la plus simple de l'infini : pouvoir toujours ajouter un.

Si on avance dans cette direction, on peut tout de suite s'apercevoir que, si on se représente Dieu comme absolument immense, s'il est infini, dans tous les sens du terme, alors toutes les manières que nous aurons de parler de lui, ou de le caractériser, seront insuffisantes. C'est d'ailleurs ce que n'ont cessé de répéter, de siècle en siècle, dans toutes les traditions, des penseurs innombrables.

Les enfants peuvent comprendre la difficulté à partir de quelques questions. Est-ce que l'on peut dire, par exemple, que Dieu est grand ou qu'il est petit ? Les deux, et aucun des deux. En fait, il n'est ni grand ni petit. Est-ce que l'on peut dire qu'il est vieux ou jeune ? Il n'est ni vieux ni jeune.

L'idée de Dieu est en quelque sorte plus grande que nos mots. Parce qu'elle est infinie, elle déborde nos formules. Elle est au-dessus, ou au-delà, de nos possibilités de dénomination. Voilà pourquoi il y a peu à en dire : tout ce que nous dirons sera insuffisant, imparfait, inadéquat. En fin de compte, mieux vaut se taire. Autant le savoir.

Ce silence n'est ni un refus ni une négation. Il s'efforce de laisser ouverte la place de ce qu'on nomme Dieu. Cette place peut demeurer vide, non pas au sens où on constaterait qu'il n'y a rien pour l'occuper, mais dans l'intention de marquer que le caractère invisible et « impensable » de Dieu appartient à l'idée même que l'on peut s'en faire.

Contrairement à ce qu'on pourrait penser, les enfants sont rapidement et spontanément sensibles à cette idée d'infini. Ils en saisissent généralement fort bien, dans leurs mots à eux, les paradoxes et la puissance. Il se pourrait, là comme ailleurs, que leur capacité de réflexion soit plus ouverte, plus souple, que la nôtre.

Il n'en demeure pas moins que la principale difficulté, quand on parle de Dieu avec ses enfants, est toujours de savoir dans quelle mesure, en raison de ses propres convictions, on les conditionne ou non. Entre deux pôles extrêmes, toutes les variations existent. Un pôle représente le désir de transmettre sa croyance, de faire partager sa foi ou son absence de foi. Un autre pôle incarne au contraire le vœu de retrait, d'objectivité, de respect scrupuleux du choix de l'enfant.

Quelles que soient les convictions que l'on a, quelles que soient les croyances que l'on partage et celles que l'on refuse, il est essentiel, à mes yeux, de pouvoir expliquer aux enfants à la fois ce que croient les uns et les autres et ce qu'on croit soi-même. Ce n'est évidemment pas toujours simple. Cette démarche suppose en effet de conserver clairement ses convictions — il ne s'agit pas de renier ce que l'on croit, d'abandonner ses choix — tout en essayant de voir ses propres convictions « du dehors », en quelque sorte.

Somme toute, il s'agirait, idéalement, de parvenir à montrer la place où nos convictions se situent dans un ensemble qui les déborde. Il faudrait arriver à faire comprendre aux enfants, et parvenir soi-même à comprendre avec eux, que même si nous ne partageons pas les idées des autres, même si nous pouvons penser qu'ils ont tort, ils ont légitimement le droit de croire ce qu'ils croient.

Dans cette diversité des croyances, en fait, réside quelque chose qui est profondément et spécifiquement humain.

• Quelques références

« Maintenant que nous allons pénétrer dans la Ténèbre qui est au-delà de l'intelligible, nous ne trouverons pas seulement des paroles plus concises, mais jusqu'à leur absence et perte du sens. [...] maintenant que nous remontons de l'inférieur jusqu'au Transcendant, notre discours se réduit à proportion de notre montée. Arrivés au terme nous serons totalement muets et entièrement unis à l'Indicible »

Denys l'Aréopagite, *Traité de la théologie mystique.*

« Par Dieu — fixons encore le sens de ce mot —, nous entendons l'infini vivant »

V. Hugo, *William Shakespeare*, 1864.

• Parmi les jeux possibles

Si Dieu est partout, où est-il dans cette pièce ?
Dieu est-il une personne ? Est-il une chose ? Est-il autre chose qu'une personne et une chose ?
Comment pourrais-tu dire Dieu ? Crois-tu que tu pourras arriver à le dire ou à le décrire ?

Le mot de la fin : *repuerescere*

Un terme latin, un verbe, sans équivalent véritable en français, sera le mot de la fin, et peut-être la boussole de vos promenades à venir parmi ces grandes idées où s'aventurent les petits.

Puer, c'est le jeune enfant, celui qui parle déjà, interroge et apprend, mais est encore loin de la vie d'adulte. *Puerescere*, c'est faire l'enfant, se comporter comme un gosse, être gamin, jouer puérilement. *Repuerescere*, au premier regard, cela pourrait donc vouloir dire « retomber en enfance ». Mais en quel sens ? Et pourquoi donc nous en préoccuper ?

Le mot figure, en 1512, sous la plume d'Érasme, le grand humaniste de la Renaissance, dans un traité intitulé *De la nécessité d'éduquer les enfants d'emblée sur le mode libéral*[1]. Il y défend notamment — avec une surprenante

1. J'emprunte ces informations et plusieurs des remarques qui suivent à mon collègue et ami le philosophe Denis Kambouchner, professeur à la Sorbonne, qui a attiré mon attention sur ce terme, auquel il a consacré,

modernité — l'idée qu'il faut « faire apprendre les choses aux enfants doucement et comme par jeu », et qu'il est donc souhaitable d'« écarter de l'étude tout ce qui est tristesse ou dureté », car « rien n'empêche que l'utile et l'agréable aillent de pair. » Voilà pourquoi il convient, quand on veut transmettre quelque chose aux enfants, de... *repuerescere.*

Ce n'est certes pas « retomber en enfance », comme on dit que font les vieilles personnes. Car il ne s'agit pas de régresser de façon négative, mais plutôt, sans cesser d'être pleinement adulte et en pleine possession de ses moyens, de retrouver en soi l'esprit d'enfance — quelque chose de l'état d'enfance qui permette à l'adulte d'être de plain-pied avec l'enfant. Quoi donc, derechef ?

La joie de l'étonnement, le vif de l'interrogation et de la découverte — voilà ce qu'il faut ressusciter, adulte, de l'enfant en soi. La joie, car on ne cherche pas à rejoindre les tristesses d'enfance, les solitudes ou les désespoirs mais bien ce jeu avec la pensée et les mystères du monde qui passionne, intrigue et fait jubiler.

À la joie, il faut ajouter la simplicité. On ne succombe pas à quelque infantilisme que ce soit, on retrouve au contraire, joyeusement, le corps à corps avec les idées.

---

dans le colloque « Repenser l'enfance ? » de la Société francophone de philosophie de l'éducation (Sorbonne, 25-27 juin 2009), un texte à paraître, intitulé : « Retrouver en soi l'enfant (*repuerescere*) : réflexions sur un précepte classique ».

On réfléchit sans arrogance, sans prétention, sans artifice. Comme si l'on pensait à mains nues, en quelque sorte.

Repuerescere, à défaut d'une véritable traduction, pourrait faire l'objet d'une dernière paraphrase. Si on développe son contenu, le verbe signifie : « retrouver en soi l'esprit d'enfance pour être en mesure, de manière simple, joyeuse et ludique, de cheminer dans les apprentissages de l'éducation en compagnie d'un enfant, en tant qu'adulte — du point de vue de l'âge et des connaissances —, mais rendu capable, par cette conversion interne, d'être au niveau de l'enfant sans avoir pour autant quitté sa propre place ». C'est un peu long, sans doute, mais pas faux.

Ce sens vaut pour toute forme d'apprentissage, à n'en pas douter. Mais plus encore, et de manière essentielle, pour une réflexion de type philosophique. Car il ne s'agit nullement, en ce cas, de transmettre un savoir. Il n'est question que d'une chose : avancer dans les interrogations et la découverte des questions. Faire l'enfant avec les enfants.

Informations complémentaires

On trouvera sur Internet de nombreux sites, documents et débats consacrés à la philosophie pour enfants. Mais celle-ci est presque toujours conçue dans le cadre scolaire ou parascolaire et comme un processus collectif, et non comme un dialogue entre parents et enfants dans le cadre familial.

Rien n'empêche, malgré tout, d'adapter certaines méthodes ou suggestions à cet usage différent.

On pourra ainsi s'inspirer éventuellement des travaux de l'école de Matthew Lipman. Ce pionnier de la philosophie pour enfants est l'auteur de plusieurs romans philosophiques qui servent de base à sa méthode, qui est centrée sur une lecture collective du texte, suivie de discussions en groupe à partir des questions que suscite l'histoire.

En parcourant une documentation déjà relativement abondante, on se rendra également compte de l'extrême diversité des expériences et des approches, et de la multiplicité des regards à travers le monde, car il existe à présent des centaines d'expériences sur tous les continents.

Plutôt que de se perdre dans ce dédale, ou de s'enfermer dans une seule méthode, il semble raisonnable de construire empiriquement son propre cheminement, sans s'interdire d'emprunter, çà ou là, des outils, des matériaux ou des idées.

Dans le même esprit, on peut faire appel aux diverses collections de livres de philosophie pour enfants qui se sont, elles aussi, multipliées ces dernières années chez plusieurs éditeurs. Mais à une condition : toujours donner priorité au dialogue vivant, au chemin qui s'invente en marchant — au cas par cas, au jour le jour.

Du même auteur
(voir www.rpdroit.com pour plus d'informations)

Enquêtes philosophiques

L'Oubli de l'Inde
Une amnésie philosophique
Presses universitaires de France, 1989. Nouvelle édition revue et corrigée, Le Livre de Poche, « Biblio Essais », 1992. Réédition Seuil, coll. « Points Essais », 2004.

Le Culte du néant
Les philosophes et le Bouddha
Seuil, 1997. Réédition poche, Seuil, coll. « Points Essais », 2004.

Généalogie des barbares
Odile Jacob, 2007.

Les Héros de la sagesse
Plon, 2009.

Explications philosophiques

La Compagnie des philosophes
Odile Jacob, 1998. Réédition coll. « Odile Jacob Poches » 2002.

La Compagnie des contemporains. Rencontres avec des penseurs d'aujourd'hui
Odile Jacob, 2002.

Les Religions expliquées à ma fille
Seuil, 2000.

La Philosophie expliquée à ma fille
Seuil, 2004.

L'Occident expliqué à tout le monde
Seuil, 2008.

L'Éthique expliquée à tout le monde
Seuil, 2009.

Une brève histoire de la philosophie
Grand Prix du Livre des professeurs et maîtres de conférences de Sciences-Po 2009
Flammarion, 2008.

Expériences et contes philosophiques

101 expériences de philosophie quotidienne
Prix de l'essai France-Télévision 2001
Odile Jacob, 2001. Réédition coll. « Odile Jacob Poches », 2003.

Dernières nouvelles des choses.
Une expérience philosophique
Odile Jacob, 2003. Réédition coll. « Odile Jacob Poches », 2005.

Votre vie sera parfaite.
Gourous et charlatans
Odile Jacob, 2005.

Un si léger cauchemar (fiction)
Flammarion, 2007.

Où sont les ânes au Mali ?
Seuil, 2008.

Ouvrages en collaboration

La Chasse au bonheur
Avec Antoine Gallien
Calmann-Lévy, 1972.

La Réalité sexuelle
Enquête sur la misère sexuelle en France
avec Antoine Gallien

préface du Dr Pierre Simon
Robert Laffont, 1974.

Philosophie, France, XXe siècle
Écrits et opuscules
avec Stéphane Douailler et Patrice Vermeren
Le Livre de Poche, coll. « Classiques de la philosophie », 1994.

Des idées qui viennent
avec Dan Sperber
Odile Jacob, 1999.

Le Clonage humain
avec Henri Atlan, Marc Augé, Mireille Delmas-Marty, Nadine Fresco
Seuil, 1999.

La Liberté nous aime encore
avec Dominique Desanti et Jean-Toussaint Desanti
Odile Jacob, 2002. Réédition coll. « Odile Jacob Poches », 2004.

Fous comme des sages. Scènes grecques et romaines
avec Jean-Philippe de Tonnac
Seuil, 2002. Réédition Seuil Poche, coll. « Points », 2006.

Michel Foucault, entretiens
Odile Jacob, 2004.

Chemins qui mènent ailleurs. Dialogues philosophiques
avec Henri Atlan
Stock, 2005.

Vivre toujours plus ?
avec Axel Kahn
Bayard, 2008.

Le banquier et le philosophe
avec François Henrot
Plon, 2010.

Direction d'ouvrages collectifs

Présences de Schopenhauer
Grasset, 1989. Réédition Le Livre de Poche, « Biblio Essais », 1991.

Science et philosophie, pour quoi faire ?
Premier Forum Le Monde-Le Mans
Le Monde-Éditions, 1990.

Les Grecs, les Romains et nous. L'Antiquité est-elle moderne ?
Deuxième Forum Le Monde-Le Mans
Le Monde-Éditions, 1991.

Comment penser l'argent ?
Troisième Forum Le Monde-Le Mans
Le Monde-Éditions, 1992.
(traduit en anglais)

L'Art est-il une connaissance ?
Quatrième Forum Le Monde-Le Mans
Le Monde-Éditions, 1993.

Où est le bonheur ?
Cinquième Forum Le Monde-Le Mans
Le Monde-Éditions, 1994.

L'Avenir aujourd'hui. Dépend-il de nous ?
Sixième Forum Le Monde-Le Mans
Le Monde-Éditions, 1995.

Philosophie et démocratie dans le monde
Une enquête de l'UNESCO
préface de Federico Mayor
Le Livre de Poche – Éditions UNESCO, 1995.

Jusqu'où tolérer ?
Septième Forum Le Monde-Le Mans
Le Monde-Éditions, 1996.

Agir pour les droits de l'homme au XXIe siècle (en collaboration avec Federico Mayor)
Éditions UNESCO, 1998.

Lettres aux générations futures (en collaboration avec Federico Mayor)
Éditions UNESCO, 1999.

Philosophie/lycée
Éditions de la Cité, Manuel Plus, 2000.
Réédition revue et augmentée Bordas, 2004.

L'Humanité toujours à construire.
Regard sur l'histoire intellectuelle de l'UNESCO 1945-2005
UNESCO, 2005.

Philosophies d'ailleurs (2 volumes)
Hermann, 2009.

Composé par Nord Compo Multimédia
7, rue de Fives, 59650 Villeneuve-d'Ascq

Achevé d'imprimer par SAGIM en février 2010
sur rotative Variquik à Courtry (Seine et Marne)

N° d'impression : 11763
Dépôt légal : février 2010

Imprimé en France

L'imprimerie Sagim est titulaire de la marque Imprim'vert® depuis 2004